數字看天下 _{第二版}

Pocket World in Figures & Bills

鈔票達人　**莊銘國、柯子超** 編著

書泉出版社 印行

再版序

奧地利心理學家佛洛伊德提出一個著名的「冰山理論」來比喻人的意識系統，他認為人類的腦部就像冰山，冰山約 10% 露出水面是我們的意識層，而 90% 水底下深不可測的是我們的潛意識。「意識」是人在清醒狀態下能控制及感知的身體機能、想法與慾望。而「潛意識」是指正常情況下不可能變為意識的東西，比如人內心深處被壓抑而無從意識的慾望。人的意識組合就像一座冰山，露出水面只是一部分（意識），而隱藏在水下的絕大部分卻對其餘部分產生影響（潛意識）。

又美國大文豪海明威在其著作，《午後之死》，亦以冰山為喻，他認為作品應描寫冰山露出水面的部分，水下的部分應透過書本提示讓讀者去想像補充，文學作品中文字和形象是所謂的十分之一，而感情和思想是所謂的十分之九。

友人傳來一位全盲的鐘興叡老師的短文，我將它改寫如下：

表象 10%	胸圍	視線	內容	手勢	智商	文憑	自己	價格…
內在 90%	胸襟	視野	內涵	手段	智慧	文化	自我	價值…

丹麥教育家齊克果亦說：「凡事不要看表面，要看內涵。」

鈔票上看得到的有形數字——流水號碼及面額數字，一瞬間就過目完成，然而鈔票上隱藏的數據訊息，一經解析，顯得很有意義。甚至沉醉其間，樂在其中。

作家褚士瑩在其著作《給自己 10 樣人生禮物》中提到，人生一定要「著迷一件事」，讓自己成為某件事的專家，而且什麼專家都可以……」。個人因緣際會投入鈔票世界，誠如巴西作家保羅・科爾賀（Paulo Coelho）所言：「當你真心渴望某樣東西時，整個宇宙都會聯合起來幫助你完成。」除了自身的蒐集及研究，也有很多親朋好友從中協助，也在此領域發光、發熱。所謂「不求為一，但求唯一」（Not No.1,but only one.），冷門的鈔票與數字居然完美結合，變成目前獨一無二。以下我們來談談本書——《數字看天下》：

數字給人的感覺是冗長、冷漠。例如從小到大，我們通常都用了 3.14 代表圓周率去進行近似計算，它是個無限數，即無限不循環小數。斯洛維尼亞 50 元的圖像是數學家維加（Jurij Vega，1754~1802，圖 1），鈔票左側就是紀念他在 1789 年推算圓周率（π）得出前面 3.1415926535897932384626433383275… 到 140 個小數字（夠冗長沉悶吧！）這個世界紀錄維持長達 50 年。

◎ 圖 1　斯洛維尼亞 50 元鈔票正面

又數字意味著深奧、玄之又玄，如克羅埃西亞 50,000 元的圖像是數學家（圖 2），天文學家陸德・博斯科維奇（Ruđer Bošković, 1711~1787），在鈔票右上側是他提出幾何學方法，透

❀ 圖 2　克羅埃西亞 50,000 元鈔票正面

過三次觀測旋轉行星表面上一點，求出行星的赤道，並根據三次觀測行星位置，算出行星軌道，對一般凡人，真是深不可測。

　　在管理學上有句名言——「沒有衡量就沒有管理」（No measurement, No management.），一經衡量，立竿見影。衡量者——數據與比較，圖 3 的馬來西亞 5 元的背面是首都吉隆坡的雙子塔，樓高 452 公尺，是當時世界最高建築，目前世界高塔是阿聯杜拜的哈里發塔 828 公尺、臺灣臺北的 101 大樓 509 公尺、中國上海環球金融中心 492 公尺、馬來西亞吉隆坡雙子塔 452 公尺（圖 3）、紐約帝國大廈 443 公尺、美國芝加哥西爾斯大樓

❀ 圖 3　馬來西亞 5 元的鈔票背面

442 公尺、美國紐約 911 事件原地重建的自由塔 541 公尺、尚在興建中，在 2020 年完工的杜拜棕櫚塔（Nakheel Tower）及沙烏地阿拉伯的國王塔（Kingdom Tower），兩者都是 1,082 公尺；換句話都超過 1 公里的高度，運用數據及排行一清二楚。

樣本數不大，可用直接比較數據，若樣本數夠多，則可用抽樣來印證母群體，德國 10 馬克，以高斯（Carl Friedrich Gauss, 1777~1855，圖 4）鈔票之中間有常態分配圖（normal distribution），圖形為鐘型曲線，加上對稱性，適合當作不少母體之機率模式，在分析上運用平均數及標準差較易處理。本書甚多運用此手法。

❤ 圖 4　德國 10 馬克正面（現已改制為歐元）

將精挑細選的代表性鈔票與英國《經濟學人》（*The Economist*）出版的 "*Pocket World in Figures*" 所提供的數據結合，再加上一些所見、所聞、所思，讓原來冷冰冰的數據都「樂活」起來，藉助「話題」的方式，讓讀者「秀才不出門，能知天下事」，具有國際觀，輕鬆成為世界公民。

莊銘國　柯子超

目錄

Contents

目錄

Contents

數字看天下

Pocket World in Figures & Banknotes

45個國際觀主題大解析

國土 比大小

✂ 圖 5　中華民國鈔票正面

　　臺灣面積 36,193 平方公里，世界排名為第 140 名，鈔票的右方是臺灣的版圖（圖 5）。與臺灣面積不相上下、但小而富、小而強的國家有丹麥（43,094 平方公里）、荷蘭（41,528 平方公里）、瑞士（41,284 平方公里）。

　　比臺灣面積小但卻富而強的國家有比利時、以色列、汶萊、盧森堡、新加坡等國。

　　與臺灣面積幾乎相同的是非洲西邊小國，幾內亞比索（the Republic of Guinea-Bissau），但人口只有 160 萬人，58% 的人口為文盲，是世界上最落後的國家之一。

ᘒ 圖6　加拿大鈔票背面

　　「加拿大面積比中國大，人比北京少」，鈔票上是加國版圖
的輪廓（圖6），加拿大是世界第二大的國家，是臺灣的277倍，
是北美洲和西半球最大的國家，橫跨北美洲東西海岸，北接北冰
洋，共有6個時區。英國女王伊莉莎白二世為象徵性的國家元首，
透過民主選舉產生的總理才是加拿大的國家領導人。

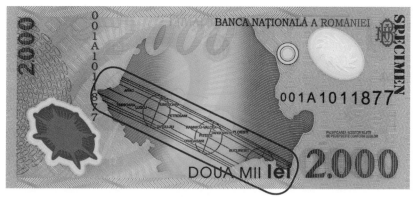

ᘓ 圖 7　羅馬尼亞鈔票正面 (塑膠鈔票)

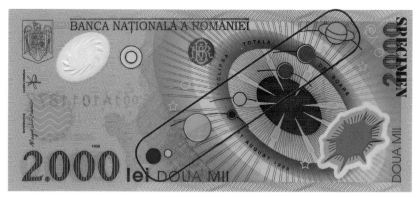

ᘓ 圖 8　羅馬尼亞鈔票背面 (塑膠鈔票)

　　羅馬尼亞也把國土放上鈔票（圖 7），其面積 238,391 平方公里，是臺灣的 6.6 倍，位於東歐。

　　在 1998 年 8 月 11 日，因為視覺角度的關係，當時全球只有在羅馬尼亞國土上可看到九大行星（水星、金星、地球、火星、木星、土星、天王星、海王星、冥王星，圖 8）排成一直線，堪稱千古難逢，時近西元 2000 年，故發行 2,000 元鈔票，以作紀念。

 <8 圖9　哈薩克鈔票背面

　　哈薩克是世界第九大國家，同時也是世界上最大的內陸國家，也將國土放上鈔票（圖9）。曾經在中國隋朝時期建立突厥汗國。

<8 圖10　烏干達鈔票背面

　　「非洲明珠」烏干達，是位於東非的一個內陸國家，鈔票上有烏干達版圖，面積241,038平方公里，是臺灣6.7倍大，擁有種類豐富的野生動物，如鈔票上的大猩猩（圖10，本鈔榮獲2011年世界最美麗的紙鈔）。非洲最大的河流尼羅河，發源地在境內的維多利亞湖。

❸ 圖 11　斐濟鈔票背面

　　南太平洋上的藍色珍珠——斐濟，地處南太平洋的樞紐（圖11 其西邊遠處是澳洲），其國土包含 330 個珊瑚礁環繞的火山島嶼，綠寶石般澄澈晶瑩的海水是浮潛欣賞海底世界的寶地、椰林搖曳的碧綠島嶼構成誘人的度假島國，世界知名度假天堂之一。總人口數約為 80 萬，斐濟原住民占約二分之一，受英國殖民統治超過一百年，官方語言為英語。觀光業和漁業是斐濟經濟支柱。斐濟面積約 18,274 平方公里，大約是臺灣面積的一半。

排序	國家名稱	面積（單位：平方公里）	與臺灣（36,193 平方公里）相差倍數	備註
		國土面積前十大的國家		
1	俄羅斯	17,098,000	472	世界上最大的國家
2	加拿大	9,985,000	276	北美洲和西半球最大的國家
3	中國	9,629,000	266	亞洲最大的國家
4	美國	9,597,000	265	世界最富強的國家
5	巴西	8,515,000	235	南美洲最大的國家
6	澳洲	7,692,000	213	大洋洲最大的國家
7	印度	3,287,000	91	亞洲的第三大國家，南亞最大的國家
8	阿根廷	2,780,000	77	南美洲的第二大國家
9	哈薩克	2,725,000	75	全世界最大的內陸國，中亞最大的國家
10	阿爾及利亞	2,382,000	66	非洲的第一大國家

鈔越新視界

◆ 臺灣的邦交國大多小國寡民，面積最大者為中南美洲的巴拉圭（406,752 平方公里），其中面積最小的邦交國為教廷（Holy See），是天主教教宗的駐地所在，首都梵蒂岡（Vatican City），全境位在義大利首都羅馬市區中心泰伯河之左岸，東西長 1 公里、寬 0.85 公里、面積 0.44 平方公里（比中正紀念堂及庭園所占面積稍大），因此，有人打趣地說：「到了梵蒂岡才知道在境內任何地方開槍，都可以打到羅馬的鳥。」此外，教廷是我國在歐洲唯一的邦交國。

我國邦交國

所在地區	國家名稱	邦交國面積（平方公里）	與臺灣縣市的比較及面積（平方公里）
非洲地區	布吉納法索	274,200	比臺灣大 7.5 倍
	聖多美普林西比	1,001	彰化縣（1,074）
	史瓦濟蘭	17,363	臺灣的一半大
亞太地區	吉里巴斯	811	彰化縣（1,074）
	諾魯	21.2	連江縣（28.8）
	帛琉	488	臺北市（271.7）和基隆市（132.7）
	馬紹爾群島	181	金門縣（151.6）
	索羅門群島	28,450	臺灣的 0.9 倍
	吐瓦魯	26	連江縣（28.8）
中南美洲暨加勒比海	貝里斯	22,963	臺灣的 0.6 倍
	多明尼加	48,442	臺灣的 1.3 倍
	薩爾瓦多	20,742	臺灣的 0.6 倍
	瓜地馬拉	108,889	臺灣的 3 倍
	海地	27,749	臺灣的 0.8 倍
	宏都拉斯	112,088	臺灣的 3 倍
	尼加拉瓜	130,668	臺灣的 3.6 倍
	巴拿馬	75,517	臺灣的 2 倍
	巴拉圭	406,752	臺灣的 11.2 倍
	聖克里斯多福及尼維斯	269	臺北市（271.7）
	聖露西亞	616	6 個新竹市大（104）
	聖文森（及格瑞那丁）	389	臺北市（271.7）和基隆市（132.7）
歐洲地區	教廷	0.44	比中正紀念堂及庭園所占面積稍大

◆ 2013 年 2 月 11 日，時任羅馬天主教教宗本篤十六世（Benedictus XVI）宣布，由於年事已高，難有心力和體力履行教宗職務，因此將於當月底辭職。本篤十六世是近六百年來首位請辭離任而非逝世離任的教宗，引發各界譁然。

◆ 2013 年 3 月 13 日下午，第 5 次投票中，選出第 266 任教宗。新教宗本名豪爾赫・馬里奧・貝爾格里奧（Jorge Mario Bergoglio），義大利裔阿根廷人，耶穌會士，現年（2015）78 歲。當選後取名號為方濟（Francis），希望教廷是「為窮人服務的貧窮教會」，以方濟為聖號，因為生於十二世紀的阿西西的聖方濟（Francesco d'Assisi），象徵和平、樸素和貧窮。

◆ 新教宗方濟成為首位出身於美洲南半球與耶穌會的教宗，也是近一千二百年來，首位非歐洲出身的教宗。全球天主教徒中有 42% 為南美洲人，選出來自南美洲的教宗有重要意義。

◆ 世界知名的美國時事性週刊《TIME 時代雜誌》選出 2013 年度風雲人物為教宗方濟，《TIME 時代雜誌》認為教宗值得尊敬之處有三，他的教義仍然正統保守，但在道德研討上卻有求同存異精神，且在這個電子產品發達的時代，教宗善用現代化工具，如與梵蒂岡廣場的遊客自拍，或開設 Facebook 及 Twitter 帳號等。

◆ 2013 年 11 月中旬，甘比亞總統賈梅（Yahya Jammeh）突然宣布，基於國家利益考慮，即刻中止與臺灣 18 年的外交關係，成為馬英九總統任內第一個與臺灣斷交的邦交國。不久，12 月 24 日就傳出甘比亞總統賈梅因為罹患腦瘤，情況危急的消息。

◆ 雖然只有 22 個國家在外交上承認中華民國（臺灣），但全球已經有 130 個以上的國家給予臺灣免簽或落地簽待遇，使得出國更為便利。免簽證可以視為國家與國家之間關係的指標，以及一個國家在國際社會的地位。

山脈 拚高低

03 圖 12　中國鈔票背面

　　聖母峰（Mount Everest，圖 12），西藏語稱「珠穆朗瑪峰」（Mount Qomolangma），意思就是「大地之母」。聖母峰是世界的最高峰，海拔 8,848 公尺，屹立於喜馬拉雅山脈的中部，像似一座巨型金字塔聳立在群峰之上，高大宏偉而壯觀，鎮壓群山，景象壯觀。

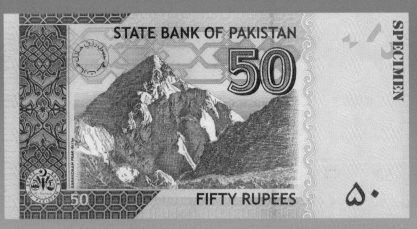

ଔ 圖 13　巴基斯坦鈔票背面

　　奧斯騰峰（Godwin Austen，圖 13）又稱 K2 峰，海拔 8,611
公尺，為巴基斯坦的最高峰，也是中國和世界第二高峰，但攀登
危險性遠高於聖母峰。

ଔ 圖 14　印度鈔票背面

　　喜馬拉雅山脈是世界海拔最高的山脈（圖 14），約有 70 多
個山峰，海拔 7,000 公尺以上的高峰有 40 座，8,000 公尺以上的
高峰有 11 座，山峰終年被冰雪覆蓋。

◌ 圖 15　紐西蘭鈔票正面

　　1953 年 5 月 29 日，來自紐西蘭的 34 歲登山隊隊員艾德蒙‧希拉里（Sir Edmund Hillary，圖 15）與尼泊爾嚮導一起登上聖母峰，是紀錄上第一個登頂成功的登山隊伍，成為紐西蘭人心目中的英雄（2008 年 1 月 11 日辭世，享壽 88 歲）。

◌ 圖 16　尼泊爾鈔票背面

　　尼泊爾境內山巒重疊，境內多高峰，喜瑪拉雅山脈成為尼泊爾和中國的天然國界，世界 10 大高峰有 8 個在尼泊爾境內，堪稱山之國。鈔票上的道拉吉里峰（Dhaulagiri，圖 16）是世界第七高峰，因山勢險惡，又稱「魔鬼峰」。

රු 圖 17　日本鈔票正面

　　日本富士山（圖 17），主峰海拔 3,776 公尺，是日本國內的最高峰，是一座活火山。聞名全球的富士山是日本重要的象徵之一，被視為聖山。

රු 圖 18　中華民國鈔票背面

　　臺灣第一高峰——玉山（圖 18），因歐亞、菲律賓板塊相擠撞而高隆，十字之交點即為玉山主峰，海拔 3,952 公尺。玉山由於高度超過於日本第一高峰富士山（主峰海拔 3,776 公尺）而聲名遠播，為臺灣第一高山，亦傲視東北亞。

❈ 圖 19　坦尚尼亞鈔票背面

　　坦尚尼亞的吉力馬札羅山海拔 5,895 公尺（圖 19），是非洲
第一高峰，雖位赤道，因海拔關係，山峰終年積雪，冒險家以攻
頂全球七大洲第一高峰為榮。第一位達成登峰壯舉的是美國人理
查 · 貝斯 (Richard Bass) 於 1985 年 4 月 30 日創下紀錄。

各洲最高峰列表

所在洲	山峰名稱	英文名	海拔	所在位置
亞洲	珠穆朗瑪峰	Mount Everest / Mount Qomolangma	8848 公尺	中國、尼泊爾界山
歐洲	厄爾布魯斯峰	Mount Elbrus	5642 公尺	俄羅斯
非洲	吉力馬札羅山	Mount Kilimanjaro	5895 公尺	坦尚尼亞
北美洲	麥金利峰	Mt. McKinley	6194 公尺	美國阿拉斯加
南美洲	阿空加瓜峰	Aconcagua	6961 公尺	阿根廷
大洋洲	科修斯科峰	Mount Kosciusko	2228 公尺	澳洲
南極洲	文森峰	Vinson Massif	4892 公尺	南極

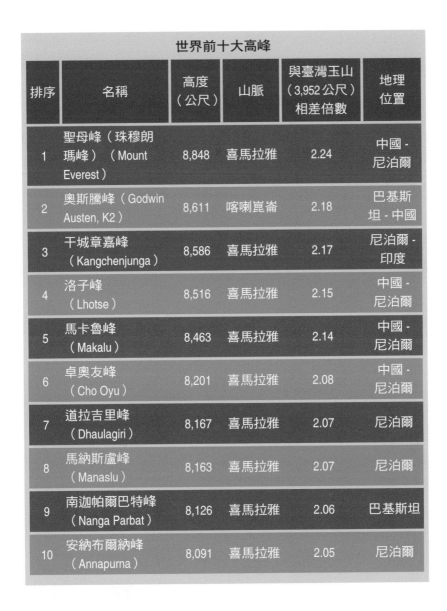

排序	名稱	高度（公尺）	山脈	與臺灣玉山（3,952 公尺）相差倍數	地理位置
1	聖母峰（珠穆朗瑪峰）（Mount Everest）	8,848	喜馬拉雅	2.24	中國 - 尼泊爾
2	奧斯騰峰（Godwin Austen, K2）	8,611	喀喇崑崙	2.18	巴基斯坦 - 中國
3	干城章嘉峰（Kangchenjunga）	8,586	喜馬拉雅	2.17	尼泊爾 - 印度
4	洛子峰（Lhotse）	8,516	喜馬拉雅	2.15	中國 - 尼泊爾
5	馬卡魯峰（Makalu）	8,463	喜馬拉雅	2.14	中國 - 尼泊爾
6	卓奧友峰（Cho Oyu）	8,201	喜馬拉雅	2.08	中國 - 尼泊爾
7	道拉吉里峰（Dhaulagiri）	8,167	喜馬拉雅	2.07	尼泊爾
8	馬納斯盧峰（Manaslu）	8,163	喜馬拉雅	2.07	尼泊爾
9	南迦帕爾巴特峰（Nanga Parbat）	8,126	喜馬拉雅	2.06	巴基斯坦
10	安納布爾納峰（Annapurna）	8,091	喜馬拉雅	2.05	尼泊爾

世界前十大高峰

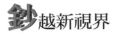越新視界

◆ 人人皆知世界第一高峰是聖母峰，但你曉得世界第二高峰是在哪裡嗎？答案是位在巴基斯坦和中國邊境的奧斯騰峰，又稱 K2 峰（8,611 公尺），她的高度除以 2，還是比臺灣的玉

山3,952公尺高，但大部分的人還是只記得世界第一高峰。以行銷學的角度來說，若要讓大家永遠記得你，就必須成為第一，又如，世界上第一位踏上月球的人類是阿姆斯壯（Neil Alden Armstrong），但第二位、第三位是誰？卻鮮少人知道，答案是同行的太空人艾德林（Buzz Aldrin）與柯林斯（Michael Collins）。因此，要在任何行業出人頭地，就要想辦法成為第一。

河流 爭短長

ᘉ 圖 20　烏干達鈔票正面

　　尼羅河（The Nile），全長 6,695 公里，世界上第一長的河流。

　　尼羅河有兩條主要的支流，白尼羅河和青尼羅河。白尼羅河
發源於烏干達境內的維多利亞湖出水口（圖 20），在西岸的高地
上，聳立著一座三角形的尼羅河源頭發現紀念碑。

❁ 圖 21　伊索比亞鈔票背面

　　青尼羅河全長 680 公里，穿過發源地伊索比亞的塔納湖，然後急轉直下，形成一瀉千里的水流。在當地被稱為梯斯塞特（Tississat Falls，圖 21），意思是「冒煙的水」，為非洲第二大瀑布，瀑布寬 400 公尺，位差 37 至 45 公尺，棲息許多種野生動物和鳥類，是該國最著名的旅遊景點。

☙ 圖 22　巴西鈔票背面

　　亞馬遜河位於南美洲，是世界第二長的河流，但卻是世界上流量最大、流域面積最廣的河，亞馬遜河流域的生態環境適合各種植物生長，擁有浩瀚無垠的原始森林，上萬餘種植物，盛產優質木材，被譽為「地球之肺」。本鈔票內容為亞馬遜河（圖22），兩岸巨樹參天，搭配巴西作曲家海托爾 · 維拉－羅伯斯（Heitor Villa-Lobos, 1887~1959）在 1929 年發表「亞馬遜河頌」指揮氣勢磅礴交響曲的模樣。

ᘓ 圖 23　中國鈔票背面

　　黃河（Huang He 或 the Yellow River）全長 5,464 公里，是中國第二長河（圖 23），僅次於長江，也是世界第七長河流。黃河以泥沙含量高而聞名於世。其含沙量居世界各大河之冠。

　　黃河源遠流長，與長江一起被稱為中華文明的搖籃，孕育了華夏文明，哺育了一代又一代中華兒女，被譽為「母親河」。

CB 圖 24 中非鈔票背面

　　剛果河是非洲第二長河（圖 24），世界第八長河流，位於中非、安哥拉、剛果、尚比亞等 9 國，全長約 4,667 公里，其流域剛果雨林僅次於亞馬遜雨林，是世界第二大的熱帶雨林區域，河中有豐富魚類、鱷魚出沒，河岸旁常有人從事捕魚。流域中的各國家常航行於剛果河及其支流進行國際貿易，包括礦產、棕櫚油、糖、咖啡和棉花等。

　　剛果河也是被生態專家認為是生物多樣性的寶庫，並且是全球暖化的重要調節者。然而剛果河流域的幾個國家，因不肖的武裝集團份子互相搶奪流域內的蘊藏的石油、鐵礦、黃金和鑽石與政府發生大小不斷的戰事，使得近年剛果河流域森林退化、土壤侵蝕，生態永續發展逐漸露出危機。

CB 圖 25　中國鈔票背面

　　長江在國外被稱為揚子江（the Yangtze River），長江總長
6,380 公里，發源於中國青海省。

　　圖 25 為長江三峽的西端入口處夔（夔，音同葵）門，此處
扼守瞿塘峽之西門，兩岸峭壁千仞，刀砍斧削一般，高數百公尺，
寬不及百尺，形同門戶，故稱其為夔門，呈現出「眾水會涪萬，
瞿塘爭一門」的壯觀景象。

CB 圖 26　寮國鈔票背面

　　湄公河（the Mekong River，圖 26），當地語意為「母親之
河」，主流全長 4,440 公里，其上游在中國境內，稱為瀾滄江，
發源於中國青海省，再流經中國雲南省、寮國、緬甸、泰國、柬
埔寨和越南，是亞洲最重要的跨國水系。

C3 圖 27　中華民國鈔票正面

　　臺灣濁水溪主流長為 186 公里，流經彰化縣、雲林縣、嘉義縣、南投縣，是臺灣南北重要的地理分界線，以南為熱帶氣候，以北為副熱帶氣候。而鈔票中橋梁為西螺大橋（圖 27），於 1952 年完工，總長度 1,939.03 公尺，曾經為世界第二大橋，僅次於美國舊金山金門大橋（The Golden Gate Bridge）的 2,737 公尺，因此，西螺大橋當時有「遠東第一大橋」之稱，係一座橫跨濁水溪下游，橋兩端分屬雲林縣西螺鎮與彰化縣溪州鄉的大紅色鐵橋。

鈔越新視界

◆　揚子江，是指長江較下游的部分，位於中國江蘇省揚州以下至入海口的長江下游河段，清朝末年，西方船隻行經揚子江，外國人便把它作為長江的代稱，音譯「揚子江」（the Yangtze River），廣為流傳，因此，在外語中也就代表了整個長江。

◆　歐洲第二大河──多瑙河，全長 2,857 公里，自西向東流經德國、奧地利、斯洛伐克、匈牙利、克羅埃西亞、塞爾維亞、羅馬尼亞、保加利亞、摩爾多瓦和烏克蘭等 10 個國家，是世界上流經國家最多的河流，也是歐洲最重要的一條國際河道。

◆　歷史學者都認為人類四大文明古國都是建立在河流附近，因為水源能使農業（灌溉）及商業（運輸）較易發展，兩河流

域（巴比倫）、尼羅河（埃及）、恆河（印度）、黃河（中國）
均是。

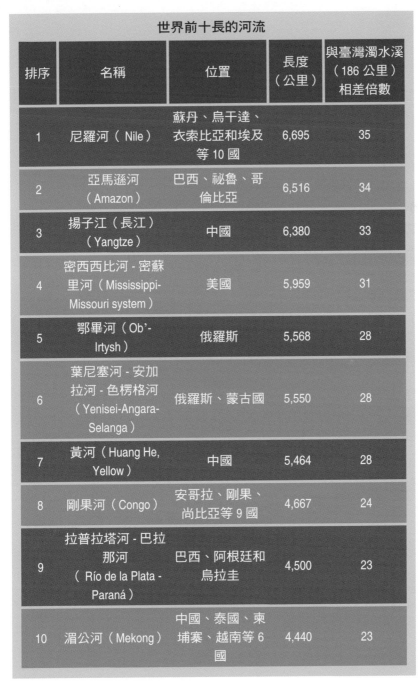

世界前十長的河流				
排序	名稱	位置	長度（公里）	與臺灣濁水溪（186 公里）相差倍數
1	尼羅河（Nile）	蘇丹、烏干達、衣索比亞和埃及等 10 國	6,695	35
2	亞馬遜河（Amazon）	巴西、祕魯、哥倫比亞	6,516	34
3	揚子江（長江）（Yangtze）	中國	6,380	33
4	密西西比河 - 密蘇里河（Mississippi-Missouri system）	美國	5,959	31
5	鄂畢河（Ob'-Irtysh）	俄羅斯	5,568	28
6	葉尼塞河 - 安加拉河 - 色楞格河（Yenisei-Angara-Selanga）	俄羅斯、蒙古國	5,550	28
7	黃河（Huang He, Yellow）	中國	5,464	28
8	剛果河（Congo）	安哥拉、剛果、尚比亞等 9 國	4,667	24
9	拉普拉塔河 - 巴拉那河（Río de la Plata - Paraná）	巴西、阿根廷和烏拉圭	4,500	23
10	湄公河（Mekong）	中國、泰國、柬埔寨、越南等 6 國	4,440	23

沙漠 展熱力

❸ 圖 28　沙烏地阿拉伯鈔票背面

　　阿拉伯沙漠（圖 28）是位於阿拉伯半島的大沙漠，面積達 2,300 萬平方公里（比墨西哥國土稍大），為世界第二大沙漠。沙烏地阿拉伯擁有阿拉伯半島 80% 的領土。沙漠約占全國面積的一半。

　　沙烏地阿拉伯的經濟以石油為支柱，政府控制著國家主要的經濟活動。

cs 圖 29　蒙古國鈔票背面

　　戈壁大沙漠（圖 29）面積 1,166 平方公里，位於蒙古國和中國的內蒙古分界，古稱「大漠」，戈壁大沙漠占據整個蒙古國約 1/3 的國土面積。畜牧業是國民經濟的基礎，主要飼養馬、駱駝、牛、羊。

世界前八大沙漠

排序	中文名稱	英文名稱	位置	面積（千平方公里）	等同於哪個國家大小
1	撒哈拉沙漠	Sahara	非洲北部	8,600	巴西
2	阿拉伯沙漠	Arabian	亞洲西南部	2,300	沙烏地阿拉伯
3	戈壁大沙漠	Gobi	中國與蒙古國邊境	1,166	伊索比亞
4	巴塔哥尼亞沙漠	Patagonian	阿根廷	673	緬甸
5	大維多利亞沙漠	Great Victoria	澳洲西南部	647	阿富汗
6	大峽谷	Great Basin	美國西南部	492	西班牙
7	奇瓦瓦沙漠	Chihuahua	墨西哥北部	450	瑞典
8	大沙沙漠	Great Sandy	澳洲西部	400	伊拉克

鈔越新視界

◈ 世界面積最大的非洲撒哈拉沙漠，綿延 11 國，和世界上最乾燥、長年不下雨的智利北部阿塔卡瑪沙漠，分別位於地球的南、北緯 32.5°。依照氣象學的研究，赤道 0° 熱空氣上升，南北極圈 65° 冷空氣上升，由於氣流到達了南北緯 32.5° 附近的高空時，受到地球自轉的影響，產生偏轉，不再繼續向南北方向移動，這些乾而熱的空氣在上空積聚，並大量下沉，形成無風無息的「無風帶」，使得這些地區長年乾燥、罕雨。

◈ 此外，位於此緯度的中國「三大火爐」的重慶、武漢和南京三個城市，一年當中，這些城市最高氣溫超過 35℃ 的日子達 70 天以上，且出現過 40℃ 以上的酷熱天氣，幸好這些地區位處於有河流的長江中下游，尚不會形成沙漠；而美國拉斯維加斯則處在沙漠，夏季極之酷熱，最高溫度可達攝氏 50 度。南半球 32.5° 之南非、那米比亞、澳洲西南部、智利（已見上述）與阿根廷均有沙漠出現。最神秘的百慕達三角，雖不是沙漠，但由於無風無息，曾出現許多神秘失蹤事件的傳聞。

湖泊 說深淺

ß 圖 30　烏干達鈔票背面

　　世界第三大湖維多利亞湖（圖30），位於烏干達境內，面積約 69,000 平方公里，係為非洲最大的河流尼羅河之分支白尼羅河的發源地。維多利亞湖使烏干達增加了不少自然上的美景。

CX 圖 31　蒲隆地鈔票背面

坦干伊喀湖（Lake Tanganyika，圖 31）是世界第六大湖（33,000 平方公里，幾乎和臺灣一樣大），是非洲兩大河流尼羅河水系與剛果河水系的分水嶺，位於蒲隆地（République du Burundi）與西邊的剛果邊界之間。該湖水產資源十分豐富，湖中有許多河馬和鱷魚，鳥類品種也相當多。

世界前七大湖泊

排序	中文名稱	英文名稱	位置	面積（千平方公里）	與臺灣日月潭（8平方公里）相差倍數
1	裏海	Caspian Sea	中亞地區	371	46,374
2	蘇必略湖	Superior	加拿大／美國	82	10,249
3	維多利亞湖	Victoria	東非地區	69	8,624
4	休倫湖	Huron	加拿大／美國	60	7,499
5	密西根湖	Michigan	美國	58	7,249
6	坦干伊喀湖	Tanganyika	東非地區	33	4,124
7	貝加爾湖	Baikal	俄羅斯	31	3,874
7	大熊湖	Great Bear	加拿大	31	3,874

鈔越新視界

ᘓ 圖 32　印尼鈔票背面

◆ 印尼最西邊蘇門答臘島的北部的多峇湖（Lake Toba，圖
32），雖然不在世界前十大湖之列，但卻是世界最大的火山
口湖，面積 1,130 平方公里，是印尼最大湖泊，相當於臺灣
彰化縣那麼大（1,074 平方公里）。多峇湖所在的破火山口
形成於距今七萬五千年前超級火山噴發，火山所噴發的礦物
質使得土壤肥沃，而青山環抱的景色，享有「蘇門答臘高地
之珠」之美譽，美麗的湖景讓人陶醉，也是前往印尼旅遊時
必觀賞的景點之一。

ଔ 圖 33　秘魯鈔票背面

◈ 秘魯的「的的喀喀湖」（Lake Titicaca），是南美洲最大的
淡水湖泊，面積約為 8,372 平方公里（約臺灣的四分之一
大），海拔高度接近四千公尺，位於秘魯西南端，與玻利維
亞交界，兩國各自擁有一半左右的面積。湖邊盛產高大的蘆
葦，當地原住民用蘆葦編製蘆葦船（如本鈔票背面中圖面小
船，圖 33）與浮島，食衣住行皆在浮島上，特殊生活模式引
起外界好奇，目前蘆葦船和浮島已成為吸引觀光客的賣點之
一。

◈ 世界最大湖──裏海，盛產鱘魚，即佳餚魚子醬的來源。

島嶼 賽風情

ᆰ 圖 34　格陵蘭（北極圈）代用鈔票正面（塑膠鈔票）

　　北極圈內島嶼很多，最大的是格陵蘭島。由於嚴寒，冬季均溫 -40℃，夏季均溫 0℃，北極圈以內的生物種類很少。植物以地衣、苔蘚為主，動物有北極熊、北極狐、海鳥、海狗、海豹、海象……等。

　　北極圈不屬於任何一個國家的主權領土，另外，該生態相對較為單純，容易受到破壞。一般經過多次轉手交易的鈔票，除了沾上多種細菌之外，另外還有病毒、真菌、甚至是其他動物的基因，紙鈔幾乎成了細菌到處傳播的溫床，為了保護原始北極圈生態，發行了代用鈔票（非法定鈔票），此三張北極圈代用鈔票，稱為「北極元」（Polar Dollars），幣值與美元相同，票面上金額很特殊，這種代用鈔票象徵意義遠大於實際意義，通常成為收藏之用，右上角落有格陵蘭地圖——世界最大島。

　　2.5 元鈔票上是雪屋、6 元鈔票上為原住民及獨木舟（皮筏）、11 元是冰上雪車，三張合併即成壯闊北極風光（圖 34）。

❧ 圖 35　印尼鈔票背面

　　婆 羅 洲（Borneo，圖 35），印 尼 稱 之 為 加 里 曼 丹 島
（Kalimantan），是世界第三大島（746,000 公里），分別屬於馬
來西亞、汶萊及印尼三國領土。島上經濟以林業為主。

　　婆羅洲排在格陵蘭（Greenland，2,176,000 平方公里）及新幾
內亞（New Guinea，809,000 平方公里）之後。

◌ 圖 36　紐西蘭鈔票背面 (塑膠鈔票)

　　紐西蘭（New Zealand）是個島嶼國家，面積 27 萬平方公里，約為臺灣 7.5 倍大。紐西蘭包含兩個主要島嶼（圖 36），南島與北島。北島多火山和溫泉，南島多冰河和湖泊，旅遊勝地遍布。兩島之間為庫克海峽。毛利人是為紐西蘭的原住民。

　　紐西蘭的森林資源豐富、地表景觀富變化，吸引國際大導演彼得・傑克森（Peter Jackson）在此執導拍攝《魔戒》3 部曲、《哈比人：意外旅程》和《哈比人：荒谷惡龍》和《哈比人：五軍之戰》，此外，詹姆斯・克麥隆（James Cameron）的《阿凡達》及後續 2、3 集都在此國取景拍攝，為紐西蘭的經濟帶來驚人成長。

世界前八大島嶼

排序	中文名稱	英文名稱	位置	面積（千平方公里）	與臺灣島（36千平方公里）相差倍數
1	格陵蘭	Greenland	大西洋北方	2,176	59
2	新幾內亞	New Guinea	太平洋西南方	809	21
3	婆羅洲	Borneo	太平洋西方	746	20
4	馬達加斯加	Madagascar	印度洋	587	15
5	巴芬島	Baffin	大西洋北方	507	13
6	蘇門答臘島	Sumatra	印度洋東北方	474	12
7	本州島	Honshu	日本海與太平洋間	227	5
8	大不列顛島	Great Britain	歐洲西北部	218	5

鈔越新視界

ı 圖 37　中華民國鈔票背面（臺灣最早的新臺幣）

　　臺灣島（圖 37）排名世界第 38 名，面積 36,193 平方公里。十五世紀大航海時代，葡萄牙人路經臺灣東海岸以葡萄牙語驚嘆：「Formosa」（美麗）稱之。以「福爾摩沙」命名之地遍及世界各地，面積最大的是阿根廷北部的福爾摩沙省，7.2 萬平方公里，假設以臺灣為入口，穿過地心，出口處就是此地（即距臺灣最遠之處）。

人口 規模大比拚

☙ 圖 38　中國鈔票正面

　　中國人口眾多（圖 38），在世界各國中長年位居首位。平均而言，世界上約每 5 人，就有 1 位是華人。中國從 1970 年代開始執行計劃生育政策，然而在 2013 年的中國全國人大常委會議上通過「單獨二孩」政策，一胎化政策再度鬆綁，2014 年開放夫妻均為獨生子女者，可生第 2 胎，而「單獨二孩」則是開放夫妻 2 人其一為獨生子女、且第 1 胎非多胞胎者，亦可生第 2 胎。該政策，預計將使中國在 2030 年增加 2,200 萬勞動年齡人口。中期來說，中國五年內將新增 800 萬新生兒，這些新生兒在 2015 至 2019 年將帶動上兆元人民幣的市場消費。

　　目前，中國人口仍將保持慣性增長，並已成為世界上最大移民輸出國，主要移往加拿大、美國、澳洲、新加坡等國家。

✃ 圖 39　印度鈔票背面

　　印度國土面積只相當於中國三分之一，人口（圖 39）密度是中國的 2.7 倍，人口更已經超過了 12 億，並仍以兩位數幅度在增加。聯合國預估在 2050 年時，印度的人口將會超越中國，成為世界人口最多的國家，達 16 億。

✃ 圖 40　美國鈔票背面

　　近年，美國人口日益老化、處於生育年齡的人口數一直在減少，婦女延長生育時間、移民美國人數近幾年大幅減少，造成人口增長率下降。美國人口雖居全球第三（圖 40），人口約 3 億多，但與排名第一的中國人口 13 億，和第二名的印度人口 12 億，有極大落差，惟美國是世界上最富強國度，透過移民政策，吸納全球菁英。

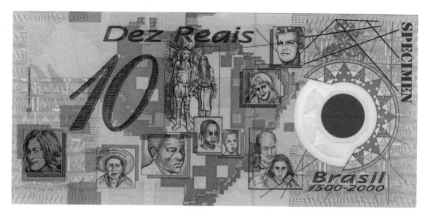

ᘓ 圖 41　巴西鈔票背面（塑膠鈔票）

　　巴西總人口數約為 2 億人，占全南美洲人口之一半，位居拉丁美洲之冠。

　　由於歷史上的殖民因素，巴西人民（圖 41）除印地安原住民外，有許多先祖來自歐洲、非洲及日本，因此，許多巴西人擁有最複雜之混血血統。語言方面則是葡萄牙語通行全國。

ᘓ 圖 42　孟加拉鈔票背面

　　孟加拉為全球人口密度最高的國家（圖 42），平均每平方公里 900 人。經濟不振又經常遭遇天災，以致民生困乏，淪落為最窮困的國家之一，文盲率還高達 43%，導致該國極為缺乏技術性及專業性之勞動人口。

℃ 圖 43　中華民國鈔票正面

　　近十幾年來，臺灣新生兒數目年年銳減（圖 43），使得臺灣少子化速度位居全球之冠，成為嚴峻的國安問題。人口更可能在 2023 年開始負成長，根據 104 人力銀行調查，近 9 成上班族認為少子化是重要的臺灣社會議題，卻有高達 64% 的無子女上班族可能或根本不打算生育，主因在於「經濟狀況不佳」（61%）與「沒有心力照顧」（38%）。經濟與托育兩大重擔壓垮了上班族生兒育女的信心，需透過國家政策與職場支持措施兩者並行，提高上班族生育意願，方可延緩少子化衝擊。

世界人口最多的十個國家

排序	國家名稱	人口數量（百萬）	與臺灣人口（2,300萬人）相差倍數	占全球人口百分比（%）	密度（每平方公里人口）
1	中國	1,354.1	57.9	19.2	139
2	印度	1,214.5	51.8	17.0	362
3	美國	317.6	12.8	4.46	33
4	印尼	232.5	9.1	3.36	128
5	巴西	195.4	7.5	2.8	24
6	巴基斯坦	184.8	7.0	2.57	233
7	孟加拉	164.4	6.1	2.28	1,127
8	奈及利亞	158.3	5.9	2.41	168
9	俄羅斯	140.4	5.1	2.01	8
10	日本	127.0	4.5	1.81	335
51	臺灣	23.2	–	0.3	648

聯合國預測2050年各國人口數量

排序	國家名稱	預測2050年人口數量（百萬）	2013年名次	名次升降
1	印度	1,614	2	上升
2	中國	1,417	1	下降
3	美國	404	3	持平
4	巴基斯坦	288	6	上升
5	奈及利亞	219	8	上升
6	印尼	335	4	下降
7	孟加拉	222	7	持平
8	巴西	289	5	下降
9	伊索比亞	116	15	上升
10	剛果 - 金夏沙	102	20	上升

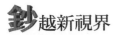越新視界

◆ 若以人口密度看世界，世界上最擁擠的國家是孟加拉，國土面積為 14.7 萬平方公里，人口密度達每平方公里 1,127 人。臺灣人口密度，以平均每平方公里 639 人，排名全世界第二，而典型「地廣人稀」的先進國家為加拿大與澳洲，為平均每平方公里 3 人。

◆ 地廣人稀的概念，我們以一個有趣的方式做舉例，澳洲國土面積（7,682 千平方公里）略比中國小（9,561 千平方公里），但人口方面，臺灣（2,300 萬人）比澳洲（2,200 萬人）稍多，假設中國土地上空無一人，而臺灣現有的 2,300 萬人全部搬到全中國大陸各省土地上，則地廣人稀的感覺，你應該馬上能體會，不是嗎？

◆ 臺灣，近十幾年來新生兒數目年年銳減，使得臺灣少子化速度位居全球之冠，成為嚴峻的國安問題，而臺灣許多家庭的傳宗接代觀念是「喜愛兔寶寶，避愛虎寶寶，偏愛龍寶寶」。2010 年生肖屬虎，華人習俗認為生肖屬虎者容易沖煞，要避免當花童、探訪孕婦和嬰兒，下葬、撿骨也要迴避，再加上孤鸞年的雙重迷信因素影響，導致出生人口驟降，創下該年出生人口僅有 16 萬 6 千多人的歷史新低紀錄，和 2009 的牛年相比較，虎年足足少了 2 萬 4 千多人。所幸，2011 的兔年出生人口果然大躍進至 19 萬 6 千多人。

◆ 2012 年，適逢龍年，華人社會習俗認為，龍年是結婚、生育、創業的吉祥年，為人父母者基於「望子成龍」的心理，偏愛生個生肖屬龍的孩子，因此，每逢龍年一定會掀起一波生育潮。此次龍年效應發揮，臺灣出生人數一飛沖天，達到 23 萬 4,599 人，創下近十年來新高。2012 龍年總生育率由 2010 虎年全球最低的 0.895，上升到 1.265，暫時擺脫「全世界總生育率最低國家」，此為「臺灣虎兔龍現象」，歷史經驗屢試不爽。

生育 充實國力

ᑎᗠ 圖 44　薩摩亞鈔票背面（塑膠鈔票）

ᑎᗠ 圖 45　獅子山鈔票背面

　　獅子山（Sierra Leone，圖 45）與薩摩亞（Samoa，圖 44），
現今仍以農業社會為主的國家，節育觀念尚未普及落實，認為多
生育除了可以幫忙務農之外，秉持的就是「多子多孫多福氣」的
想法，這不也是早期臺灣農業社會的寫照嗎？

○8 圖 46 中華民國鈔票正面

　　臺灣相較於各主要國家的粗出生率，與日本、德國並列為低
出生率之國家，少子化問題嚴重（圖 46）。

粗出生率比較 *

排序	比率最高的國家	每一千人當中占有的新生人口數	排序	比率最低的國家	每一千人當中占有的新生人口數
1	尼日	49.8	1	日本	8.4
2	馬利	47.3	2	德國	8.5
3	查德	46.1	3	葡萄牙	8.8
4	蒲隆地	44.8	4	波士尼亞	8.9
5	安哥拉	44.3	5	臺灣	9.0
6	索馬利亞	43.9	6	義大利	9.2
7	烏干達	43.4	6	馬爾他	9.2
8	尚比亞	43.0	7	香港	9.4
9	剛果 - 金夏沙	42.9	8	奧地利	9.5
9	甘比亞	42.9	9	克羅埃西亞	9.5

* 粗出生率　在人口統計學中，粗出生率（Crude Birth Rate, CBR）的定義
是每年、每一千人當中有多少新生人口數。生育率在經濟發展落後的國家會
比較高，例如尼日、尚比亞、馬利等非洲國家，而在已開發國家則粗出生率
比較低，例如日本、奧地利、德國、香港、新加坡。

鈔越新視界

◈ 在臺灣，如果你聽到有人說「一堆小朋友離家出走了」、「你身上有沒有帶小朋友，能不能借我一張？」，別以為是他家小朋友因家庭暴力離家出走，或是小朋友怎麼會以張來計量，由於新臺幣 1,000 元鈔票上印的是 4 個小學生圍繞著地球儀，因此，將千元紙鈔引申為「小朋友」，所以，每當有人花錢敗家後常會驚呼：「又一群小朋友離家出走了」，或是，這麼辛苦賺錢，還不是為了那「4 個小朋友」。

◈ 聯合國人口司的估計，整個世界平均出生率為每千人 20.3 人。

婚姻 鸞鳳合與分

　　「百年修得同舟渡，千年修得共枕眠」、眼見多少佳偶結連理，又見多少怨偶各西東。

國王、王后

❂ 圖 47　泰皇蒲美蓬（Bhumibol Adulyadej）與皇后詩麗吉（Sirikit）

政治世家

❂ 圖 48　菲律賓總統柯拉蓉 · 艾奎諾（Corazon C. Aquino）與丈夫政治家班尼格諾 · 艾奎諾（Benigno S. Aquino, Jr.）

畫家伉儷

CB 圖 49　丹麥畫家伉儷安娜・安切爾（Anna Ancher）（左）及米切爾・安切爾（Michael Peter Ancher）（右）

平民夫妻

CB 圖 50　非洲葛摩（Comores）一對新婚夫妻

結婚率比較

結婚率最高的國家		結婚率最低的國家	
（結婚率：指某一特定期間之結婚對數對同一期間中總人口之百分比）			
1 塔吉克	12.3	1 阿拉伯聯合大公國	1.8
2 伊朗	11.6	2 卡達	1.9
3 巴哈馬	11.2	3 法屬圭亞那	2.5
3 埃及	11.2	4 烏拉圭	2.8
3 印尼	11.2	5 保加利亞	2.9
6 吉爾吉斯	10.7	5 哥倫比亞	3.0
7. 約旦	10.3	5 阿根廷	3.1
8 烏茲別克	10.1	8 馬提尼克	3.2
9 中國	9.6	8 秘魯	3.3
44 臺灣	5.4	8 葡萄牙	3.3

離婚率比較

離婚率最高的國家		離婚率最低的國家	
（離婚率：指某一特定期間之離婚對數對同一期間中總人口之百分比，例如：臺灣 2.3，意思是每 1,000 人當中，有 2.3 對夫妻結束婚姻關係。）			
1 關島	5.3	1 馬爾他	0.1
3 俄羅斯	4.7	2 瓜地馬拉	0.2
4 白俄羅斯	4.1	2 越南	0.2
5 波多黎各	3.8	2 波士尼亞及赫塞哥維亞	0.4
6 拉脫維亞	3.6	5 阿拉伯聯合大公國	0.5
7 立陶宛	3.3	6 卡達	0.6
8 摩爾多瓦	3.0	6 南非	0.6
9 丹麥	2.8	6 烏茲別克	0.6
9 美國	2.8	9 印尼	0.7
26 臺灣	2.5	9 愛爾蘭	0.7

我們找到結婚與離婚多寡的世界各國數據，自然就有四個象限：

離婚多

II	I
臺灣、法國、英國、加拿大、西班牙、葡萄牙、盧森堡、荷蘭、摩納哥、斯洛維尼亞、委內瑞拉、紐西蘭、澳門、斯洛伐克	美國、南韓、香港、新加坡、澳大利亞、俄羅斯、伊朗、哈薩克、關島、哥斯大黎加、白俄羅斯、立陶宛、科威特、以色列
III	IV
阿拉伯聯合大公國、沙烏地阿拉伯、卡達、義大利、南非、冰島	印尼、烏克蘭、土耳其、牙買加、塔吉克、烏茲別克、亞塞拜然、土庫曼、厄瓜多

結婚少　　　　　　　　　　　　　　結婚多

離婚少

第一象限──結婚多、離婚也多：如美國、南韓、香港、新加坡、澳大利亞、俄羅斯、伊朗、哈薩克、關島、哥斯大黎加、白俄羅斯、立陶宛、科威特、以色列等。

第二象限──結婚少、離婚卻多：如臺灣、法國、英國、加拿大、西班牙、葡萄牙、盧森堡、荷蘭、摩納哥、斯洛維尼亞、委內瑞拉、紐西蘭、澳門、斯洛伐克等。

第三象限──結婚少、離婚也少：如阿拉伯聯合大公國、沙烏地阿拉伯、卡達、義大利、南非、冰島等。

第四象限──結婚多、離婚卻少：如印尼、烏克蘭、土耳其、牙買加、塔吉克、烏茲別克、亞塞拜然、土庫曼、厄瓜多等。

鈔越新視界

◈ 從數據上看，「離婚少」的國家很多是天主教國家，因為教規嚴厲反對離婚，進而到上述第三象限，因教義要求，以致很多年輕人不敢輕易結婚，常採行同居。曾數度到巴西商業旅行，看見當地有甚多棄嬰、流浪兒童（父母不詳）。又伊斯蘭教民風比較保守，也常歸屬「離婚少」的國家。

◈ 又從數據上看「離婚多」的國家，前蘇聯體系國家占甚高排名，而先進國家上榜者眾多，長期看都居高不下，亞洲許多國家的離婚率都有迅速上升的趨勢，以下舉例數國說明：

大部分美國人會選擇結婚，但離婚率非常高，離婚原因很多，其中美國人越來越長壽，新一代的價值觀和老一輩不同，加上女性經濟獨立，美國離婚非常容易所致，美國出現「三十年之癢」，許多 60、70、80 歲的老夫妻也加入離婚行列。

南韓離婚率名列世界前端，離婚率上升的主要原因很多，婆媳不睦是重要因素，而俄羅斯排名也不遑多讓，因冬天甚冷且長，男人酗酒，導致夫妻失和。

◈ 臺灣近年有低結婚率現象，過去有「婚姻斜坡」──男優於女，如身高、年齡、學歷、工作，所以很多高學歷、條件佳的女性無法找到適當的對象來結婚，同樣臺灣也有高離婚率，其原因是：婦女受到教育和工作機會提升及個人主義盛行。平心而論，夫妻朝夕相處，難免有許多不同意見，有賴彼此尊重、不斷溝通、化解歧見，共創美好未來。

男女比 兩性鬥法

ߏ 圖 51　斐濟鈔票背面

　　斐濟是位於太平洋西南部的群島，左邊方向是澳洲。斐濟只有 88 萬人口居住，卻是個多種族和多元文化的國家，除了本土斐濟人外，還有印度裔、華僑和其他太平洋島國少數民族群體。本鈔票背面為代表各種族的兒童①印度裔②華裔③其餘為斐濟人（圖 51），在同一塊土地成長，未來都是斐濟的社會棟樑，是族群融合的最佳典範。

　　人口不多的斐濟，政府鼓勵生育，希望斐濟子孫昌盛、萬代延續，所以，斐濟人口的出生率很高，性別比約 106.8，意味每 100 名女性人口相應有 106 名男性，「陽盛陰衰」比例占世界第 15 名。

CZ 圖 52　香港特別行政區鈔票背面

香港男女比例失衡高居世界第 12 名（圖 52），根據 2012 年香港統計處，發表「人口及住戶統計資料」報告指出，2011 年香港性別比例為 87.6，意思是每 100 名女性中對 87 名男性，造成「陰盛陽衰」情形，引發政府擔憂香港女性擇偶困難，導致延後結婚的問題。

性別比例 *

排序	男多於女 國家名稱	男：女	排序	女多於男 國家名稱	男：女
1	卡達	311.1	1	拉脫維亞	85.2
2	阿拉伯聯合大公國	228.3	2	烏克蘭	85.2
3	巴林	166.2	3	愛沙尼亞	85.5
4	科威特	148.0	4	俄羅斯	86.1
5	阿曼	142.2	5	立陶宛	86.8
6	沙烏地阿拉伯	124.0	6	白俄羅斯	86.9
7	不丹	112.5	7	亞美尼亞	87.1
8	中國	108.0	8	馬提尼克	87.7
9	阿富汗	107.2	9	格魯吉亞	89.0
10	所羅門群島	107.1	10	瓜德羅普島	89.3

* 中華民國內政部戶政司之定義：「性別比例：指男性人口對女性人口的比例，亦即每百個女子所當男子數。」
資料來源：聯合國統計司經濟與經濟和社會事務部

鈔越新視界

◈ 重男輕女的國家多位於中東、東亞、南亞和北非區，一直以來性別比都比歐美地區國家為高，以中東地區阿拉伯半島上的卡達為例，性別比高達 311.1，意即每 100 名女性人口相應有 311 名男性人口，男女比例嚴重失衡。

◈ 在重男輕女觀念下，產前性別決定主要是造成這些國家性別比失衡的原因，產前透過性別鑑定、性別篩選墮胎，或產後疏於照顧、遺棄女嬰，造成女嬰死亡率提高。由於性別篩選墮胎，是在醫院或診所執行，所以減緩之道為，政府制定法令禁止醫院、醫師進行或是暗示性別篩選行為。

◈ 華人社會，例如中國、臺灣，因受儒家思想影響，「不孝有三，無後為大」傳統觀念根深柢固，因此為了一舉得男，常

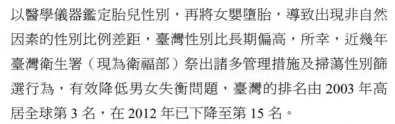

以醫學儀器鑑定胎兒性別，再將女嬰墮胎，導致出現非自然因素的性別比例差距，臺灣性別比長期偏高，所幸，近幾年臺灣衛生署（現為衛福部）祭出諸多管理措施及掃蕩性別篩選行為，有效降低男女失衡問題，臺灣的排名由 2003 年高居全球第 3 名，在 2012 年已下降至第 15 名。

◆ 一個很有趣的笑話，話說要生兒育女，就要拜「註生娘娘」，但要生「男生」就要拜「包公」，why? 因為「保證是公的」，若想生「女生」，則要拜「關公」，why? 就是要把公的關起來，就是精子分離術，生女的機率大大增加。

女力 職場新勢力

❃ 圖 53　越南鈔票背面

　　越南女性的勞動參與率（圖 53）是東亞鄰近地區最高的國家之一，但是收入卻低於許多其他東亞國家，在越南，女性的工資是男性的 75% 左右，因此，越南政府現已積極加快實施男女平等各項法律和政策，致力縮短民眾在教育、就業和健康方面的性別差異。

◁ 圖54 中國鈔票正面

　　中國女性勞動率（圖54）常高居世界前五名，俗話說「女人當男人用，男人當超人用」，如同前中國國家領導人毛澤東的名言：「婦女能頂半邊天」，新時代的中國，女性地位與歷史上全然不同，她們擁有與男性平等的權力，擺脫了政治、經濟以及社會等方面的束縛。

◁ 圖55　伊朗鈔票背面

　　由於伊朗篤信伊斯蘭教，依真主阿拉的指示，古蘭經規定為「男女有別」，除不可獨處外，男女各有分工，男女在家庭及工作崗位中各自扮演不同的角色，在奉行伊斯蘭教義的國家中與「男主外、女主內」的觀念下，他們認為婦女應當專心留在家中

「相夫教子」，儘量不要拋頭露面。儘管伊朗的婦女識字與教育程度已有相當的進展，但是婦女的勞動參與率（圖 55）一直維持在相當低的水準。

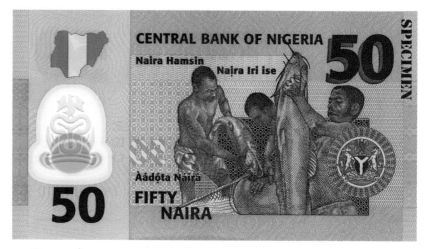

ᑕ표 圖 56　奈及利亞鈔票正面（塑膠鈔票）

奈及利亞當地性別不平等（圖 56），最主要是包括宗教在內的文化因素，約有半數女性沒有受過教育，因此，無法自由發揮本身才能，使得工作權也受到影響，女性勞動力低落度排名世界第 10 名。

世界女性勞動力排名（15 歲到 64 歲女性）

排序	比例最高國家	比例（%）	排序	比例最低國家	比例（%）
1	冰島	82.87	1	沙烏地阿拉伯	18.47
2	緬甸	78.03	2	伊拉克	19.51
3	越南	77.38	3	埃及	21.63
4	挪威	77.33	4	阿曼	23.61
5	中國	75.79	5	蘇丹	24.18
6	瑞士	75.29	6	土耳其	27.20
7	瑞典	74.86	7	摩洛哥	28.67
8	丹麥	74.22	8	約旦	28.87
9	芬蘭	72.81	9	伊朗	30.71
10	加拿大	72.78	10	奈及利亞	30.77

鈔越新視界

◈ 女性人口占總人口泰半，因為「男主外，女主內」觀念，而少了不少就業人口，影響一國之生產力。所謂「生之者寡，食之者眾」，而婦女參與勞動力高之國家，北歐五國全數上榜，她們男女平等根深柢固，就連王室之繼承，不管男女，由第一胎為之（在東方幾乎是男性本位，北歐除外的歐洲以男性優先，女性次之繼承），而社會主義國家，如中國、越南、緬甸，女性勞動力也比例甚高。反之，回教國家女性常在家中相夫教子，出外勞動比例最低前十名全包辦了。

公與婆 比長壽

❸ 圖 57　庫克群島鈔票正面

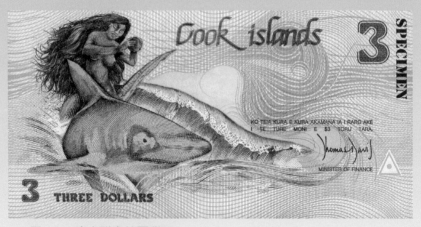

❸ 圖 58　庫克群島鈔票背面

　　在一次南太平洋的旅行，蒐集了庫克群島（Cook islands）的
一張 3 元鈔票，正面是主「生男」之神及獨木舟（圖 57），背面
是主「生女」之神及鯨魚（圖 58），此二面顯示「生男育女」多
子多孫的特色文化，在全世界鈔票圖案中是絕無僅有的。

❀ 圖 59　阿爾巴尼亞鈔票正面

　　2012 年 3 月 12 日全世界人口突破 70 億，當時聯合國的調查，平均壽命男性 64 歲、女性 68 歲，男女相差 4 歲。

　　這裡還有一張歐洲阿爾巴尼亞 10 元鈔票（圖 59），其背後正有來自世界各國的男女代表來此參加國際性會議，我們發現已開發中國家男性 72 歲、女性 79 歲。開發中國家，男性 62 歲、女性 66 歲，所以開發程度會影響平均壽命，以區域第一名的西歐與最後一名東非相較，男性差 29 歲，女性差 34 歲，跟 10 年前比較，日本之長壽，眾所皆知，但現在被若干國家迎頭趕上了，東亞地區的澳門、南韓、中國、越南名次進步很大，臺灣僅微升一名，泰國及非洲尚比亞名次退步最多，一般因環境衛生改善、糧食的充裕、醫療的進步，大多數國家之平均壽命都有增加，唯獨阿富汗男女壽命是下降的，所謂「寧為太平狗，不為亂世民」，然也！

男性平均壽命最長的國家			女性平均壽命最長的國家		
排名	國家	年齡	排名	國家	年齡
1.	摩納哥	85.7	1.	摩納哥	93.6
2.	安道爾	80.5	2.	日本	86.9
3.	香港	80.3	3.	香港	86.4
4.	澳洲	80.2	4.	西班牙	85.2
4.	冰島	80.2	5.	法國	85.1
6.	瑞士	80.1	6.	安道爾	84.9
7.	日本	80.0	7.	義大利	84.9
8.	以色列	79.8	8.	瑞士	84.9
9.	新加坡	79.7	9.	澳洲	84.7
9.	瑞典	79.7	10.	新加坡	84.6
11.	義大利	79.5	11.	南韓	84.6
11.	列支敦斯登	79.5	12.	列支敦斯登	84.4
13.	加拿大	79.3	13.	馬丁尼克	84.4
13.	挪威	79.3	14.	百慕達	84.3
15.	紐西蘭	79.1	15.	瓜德羅普	84.0
16.	荷蘭	78.9	16.	冰島	83.8
17.	西班牙	78.8	17.	瑞典	83.8

男性平均壽命最短的國家			女性平均壽命最短的國家		
排名	國家	年齡	排名	國家	年齡
1.	獅子山	45.1	1.	獅子山	45.6
2.	波札那	48.0	2.	波札那	46.5
3.	中非	48.0	3.	史瓦濟蘭	48.5
4.	剛果	48.1	4.	賴索托	49.6
5.	賴索托	49.2	5.	象牙海岸	51.4
6.	莫三比克	49.2	6.	莫三比克	51.5
7.	象牙海岸	49.7	7.	剛果	51.6
8.	史瓦濟蘭	49.7	8.	中非	51.8
9.	查德	50.1	9.	查德	51.9
10.	安哥拉	50.2	10.	奈及利亞	52.6

鈔越新視界

◈ 我有一位鑽研遺傳學的朋友告訴我，人的壽命是將父母親及
　祖父母、外祖父母的最終年齡之相加而除於 6，就是你的壽
　命期待值，如有養生可向上再調若干歲，不重養生則往下扣。

◈ 如何養生呢？

1. 少吃肉，可攔截心臟病的危險 29%，因為肉（特別牛肉）是
　破壞動脈血管內壁的元兇。

2. 要顧好肝臟，就要少喝酒，它可以把危險降低 85%。

3. 每天吃堅果，它有硒（化學符號 Se）的元素，可把肺癌可能性降低 48%。

4. 一週喝 4 到 8 杯紅葡萄酒，它富有白藜蘆醇，可使前列腺癌的機率下降一半。

5. 每天至少喝 2,000 毫升的水，那得到腎病的機率降低 80%。

6. 每天進行一定時間的有氧運動，如慢跑、健走、單車、游泳，可使結腸癌風險降低 28%。

7. 每日一杯鮮橙汁或吃菠菜，因含有大量葉酸，可以把中風機會減少三分之一，又多走路（每日半小時至一小時），中風危險減少到一半。

◆ 除了平均壽命外，尚有中位數年齡（median age），來判斷老化或幼化，它是將某國的總人口分成人數相等的兩部分，即一半比中位數年齡大，一半小，用來描述人口年齡之分布指數，圖 60 德國 20 舊馬克，德國人是中位數年齡較高者，圖 61 馬拉威 5 元，顯示中位數年齡較低者。

ᐊ 圖 60 　德國 20 舊馬克（1915 年）鈔票背面

FIVE KWACHA
K5
RESERVE BANK
OF MALAWI
SPECIMEN
FIVE KWACHA
K5

圖 61　馬拉威鈔票背面

中位數年齡 (median age)

中位數年齡最高的國家			中位數年齡最低的國家		
排名	國家	年齡	排名	國家	年齡
1.	摩納哥	50.5	1.	尼日	15.0
2.	日本	45.9	2.	查德	15.8
3.	德國	45.5	3.	烏干達	15.8
4.	義大利	44.3	4.	安哥拉	16.3
5.	保加利亞	43.0	5.	馬利	16.3
6.	希臘	42.8	6.	索馬利亞	16.3
7.	奧地利	42.7	7.	阿富汗	16.5
8.	克羅埃西亞	42.6	8.	東帝汶	16.6
9.	百慕達	42.6	9.	尚比亞	16.6
10.	香港 斯洛維尼亞	42.4	10.	岡比亞	17.0

話題

13

小麥 來自中東的活力棒

ↂ圖 62 澳洲鈔票背面

澳洲是主要的小麥（圖 62）及羊毛出口國家，小麥種植和牧羊在同一農場進行，即進行混合農業。

cs 圖 63　阿爾巴尼亞鈔票正面

　　阿爾巴尼亞（Republic of Albania）是歐洲最貧窮的國家之一，全國一半的人口依然從事農業種植，小麥（圖63）是主食。

小麥十大生產國與消費國

排序	生產國	數量（千噸）	排序	消費國	數量（千噸）
1	歐盟 27 國	131,571	1	中國	122,040
2	中國	120,580	2	歐盟 27 國	115,700
3	印度	94,880	3	印度	84,190
4	美國	61,755	4	美國	38,319
5	俄羅斯	37,717	5	俄羅斯	33,410
6	加拿大	27,205	6	巴基斯坦	23,420
7	巴基斯坦	23,300	7	埃及	18,840
8	澳洲	22,461	8	土耳其	18,550
9	土耳其	17,500	9	伊朗	16,260
10	烏克蘭	15,761	10	烏克蘭	11,850

鈔越新視界

◆ 小麥、水稻和玉米不只是人類最主要的穀物產品,也是世界糧食生產和貿易的三大主要產品。小麥,磨成麵粉後可製作成麵包、麵條、蛋糕、饅頭、餅乾等食物。上表所述之小麥生產大國,分布在亞洲和歐洲,既是生產大洲,也是消費大洲,合計產量約占全球總產量75%。

◆ 以各國現況分析,生產國與消費國數量相互扣抵,則可得出貿易行為,例如:中國生產與消費食用掉的數量,只能自給自足,而美國、澳洲和加拿大等國除可以自給自足外,另有剩餘可以從事出口貿易,將小麥外銷至消費大國埃及、伊朗等國,滿足其需求,賺取外匯。反之,若是這三個小麥出口國當年氣候惡劣,導致歉收,則會嚴重影響全世界小麥的行情,使價格飆漲,影響基本民生需求。

◆ 烏克蘭土地肥沃、氣候宜人,物產豐饒,自古是兵家必爭之地,所生產的小麥更是品質精良,其烏克蘭旗面由上藍下黃兩種顏色構成,上半部藍色,代表蔚藍的天空及聶伯河;下半部黃色,代表肥沃的黑土上,擁有一片黃金色豐收的麥穗,素有「歐洲穀倉」美譽。

03   烏克蘭國旗

水稻 亞洲糧食之母

ᘓ 圖 64　柬埔寨鈔票正面

　　柬埔寨農村人口占總人口之 80%，每年生產大量稻米（圖 64），是世界稻米輸出大國之一，已出口到全世界 58 個國家，主要是輸往歐盟國家，其中法國、波蘭為柬埔寨稻米的最大客戶，亞洲地區則主要輸出到馬來西亞等國家。

ᘒ 圖65　越南鈔票正面

　　越南位於中南半島東部，被形容為「一支扁擔掛兩個米桶」。
因為盛產稻米的地區位於北部紅河三角洲和南部湄公河三角洲，
形狀如兩個米桶，而中間則由一連串的山脈連接，也就是一支扁
擔。稻米是越南的第一大出口農產品（圖65），占整個國家農業
出口的30%，2013年，越南超越泰國，成為世界第一大食米出口
國。

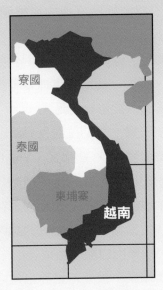

ᘒ　越南地圖（像似「一支扁擔掛兩個米桶」）

水稻十大生產國與消費國

排序	生產國家	數量（千噸）	排序	消費國家	數量（千噸）
1	中國	143,000	1	中國	144,000
2	印度	105,240	2	印度	94,000
3	印尼	36,550	3	印尼	38,127
4	孟加拉	33,820	4	孟加拉	34,474
5	越南	27,700	5	越南	20,500
6	泰國	20,200	6	菲律賓	12,850
7	緬甸	11,715	7	泰國	10,600
8	菲律賓	11,428	8	緬甸	10,400
9	巴西	7,990	9	日本	8,250
10	日本	7,756	10	巴西	7,850

鈔越新視界

◈ 水稻是全球種植範圍最廣泛的作物之一，約有 100 多個國家
種植水稻，其中亞洲地區水稻的種植面積占全球的 90% 左
右，因為亞洲國家以米食為主食，主要生產國家有中國、印
度、印尼、孟加拉、越南、泰國及世界第 11 名的柬埔寨等。
前幾名除越南、泰國、緬甸和柬埔寨等國擁有生產剩餘可供
出口外，其他國家只能自給自足。

◈ 有「亞洲米倉」美譽、長期位居世界第一大食米出口國的泰
國，由於泰國總理盈拉 · 欽那瓦（Yinglak Chinnawat）為提
高種植水稻農民的收入，執行米價補貼政策，以高於市場的
價格從農民手中收購食米，造成泰國米在國際市場漲價，引
發其他進口國改買價格相對較便宜的越南和緬甸食米，政策
影響使泰國喪失稻米出口龍頭地位。

◈ 日本米經過不斷改良，被譽為世界上最好吃的米，而出口到
日本的米，更必須是最高品質的食米，而不是只求溫飽便宜

的米，臺灣稻米產量雖然不及其他稻米大國，出口價格又高，比泰國米價貴七成，甚至是越南米的兩倍，但是品質、口碑屢受日本市場肯定，出口到日本的臺灣米被讚賞為「精品米」，尤其是日本311福島核災後，日本缺糧嚴重而必須進口，臺灣米則是日本進口的第一選擇。

咖啡 液體黑金帶來小確幸

ᘒ 圖 66　瓜地馬拉鈔票背面

　　瓜地馬拉咖啡產區（圖 66），皆為阿拉比卡種，種植條件得天獨厚，雨量足且穩定，肥沃的火山灰土壤，使得瓜國能種植出最好、口味最獨特的咖啡。著名品種為瓜地馬拉「安提瓜」（Guatemala Antigua），屬於世界頂級咖啡之一。

BANK OF UGANDA
SPECIMEN
FIVE SHILLINGS SHILINGI TANO

❂ 圖67 烏干達鈔票背面

　　目前具有商業價值而且被大量栽種的咖啡豆只有兩種，一種是阿拉比卡種（Arabica Bean），另一種是羅布斯塔種（Robusta）。不同品種的咖啡豆有不同的風味，而非洲是咖啡的兩大品種的原鄉，位於非洲東部的「非洲明珠」烏干達（圖67），則被許多人認為是羅布斯塔種的發源地，是世界上少數幾個可以同時種植兩種品種的國家之一。

CORTE DE CAFE

CINCUENTA QUETZALES

咖啡十大生產國與消費國

排序	生產國	數量（千噸）	排序	消費國	數量（千噸）
1	巴西	3,050	1	美國	1,361
2	越南	1,320	2	巴西	1,220
3	印尼	764	3	德國	554
4	哥倫比亞	570	4	日本	417
5	伊索比亞	486	5	法國	349
6	印度	315	6	義大利	345
7	宏都拉斯	294	7	俄羅斯	226
8	秘魯	248	8	印尼	220
9	墨西哥	234	9	加拿大	210
10	烏干達	192	10	西班牙	206

鈔越新視界

◆ 咖啡是全球最普及的飲料之一，也是重要經濟作物，又稱黑色黃金（Black Gold），咖啡行業橫跨農業、製造業及服務業，是全球銷售最廣的飲品，也是僅次於石油的第二大宗物資。

◆ 巴西的咖啡產量占全球總產量的 75% 以上，從而贏得了「咖啡王國」的美稱。另外，鮮少人知道的是，越南是世界第二大咖啡生產國，越南咖啡種植始於十九世紀法國殖民時期，法國人帶來喝咖啡的風潮，因此，咖啡對於越南來說，就如同茶對中國人的重要性一樣。世界上經常用來製作即溶咖啡和高檔咖啡摻混品的羅布斯塔種咖啡豆（Robusta bean），幾乎都是從越南進口。

個人年度咖啡消耗量

排序	國家名稱	數量（公斤）	排序	國家名稱	數量（公斤）
1	挪威	10.7	10	法國	3.9
2	芬蘭	10.1	11	義大利	3.2
3	丹麥	9.7	12	美國	3.0
4	瑞典	7.8	13	加拿大	2.4
5	荷蘭	7.1	14	澳洲	2.0
6	瑞士	7.0	15	日本	1.4
7	德國	5.7	16	英國	1.2
8	奧地利	5.5	17	紐西蘭	0.9
9	比利時	5.0	18	愛爾蘭	0.7

鈔越新視界

◆ 咖啡豆生長在咖啡樹上，就像葡萄一樣，每年收成的狀況都會有不同的變化，咖啡樹容易受到霜害的侵襲，導致歉收，所以咖啡樹只能種植於熱帶和亞熱帶，以緯度區分，主要介於北緯 25 度到南緯 30 度，以赤道為中心，我們將此區間稱之為「咖啡帶」（Coffee Belt 或 Coffee Zone），不同區域品種的咖啡樹有其適合栽種的海拔高度，獨特的成長條件，凸顯咖啡豆的珍貴性。

◆ 從上述兩個表格中互相參照比較後，可以發現生產國家幾乎是人民所得較低的國家，而消費大國除衣索比亞和印尼之外，其他皆為較先進、較富裕的國家。

◆ 這些從事生產的最前線人員，欠缺良好教育環境及公平交易的保障，往往是最受壓榨的族群，而擁有創新能力、通路及品牌辨識度加持的連鎖店，通常都能賺取超額利潤，維持高度競爭力。

◆ 我們可以利用臺灣宏碁集團創辦人施振榮先生，所提的「微笑曲線」理論架構來驗證咖啡從農業、製造業及服務業的上下游發展情形：

微笑曲線的底端：是種植咖啡樹的農民，只能從事「代工」行為，毛利潤三到四成，獲利能力低微。

微笑曲線的左端：經營者善用研發創新，發展出獨特新口味，從最初原味的黑咖啡（black coffee）、義式濃縮咖啡（Espresso）、添加熱牛奶成分的卡布奇諾（Cappuccino）、拿鐵咖啡（Caffè latte）、及添加焦糖的焦糖瑪奇朵（Macchiato）、摩卡咖啡（Caffè Mocha）搭配巧克力成分、咖啡與滑順鮮奶油結合的維也納咖啡（Viennese）、威士忌美酒加咖啡的愛爾蘭咖啡（Irish Coffee），到其他許多創新、更奇異的加味咖啡等。咖啡曾是上流貴族、文人雅士專屬的飲品，喝咖啡是奢侈的享受、浪漫的點綴、時尚的象徵，到現今一般市井小民都可以負擔，經營者為迎合各國口味所創造出多元的口味，更把市場的餅做大了。

微笑曲線的右端：則是品牌、行銷及通路管理，讓產品創造出更高的附加價值，進而讓顧客產生忠誠度，例如，在臺灣，大家耳熟能詳的連鎖咖啡店品牌有，星巴克咖啡（美國）、UCC（日本）、illy（義大利）、Lavazza（義大利）及臺灣本土品牌伯朗咖啡館、85度C、怡客咖啡（Ikari Coffee）、丹堤咖啡、伊是咖啡（IS COFFEE）及各大便利商店的自有品牌咖啡等，各品牌分別擁有死忠粉絲，密集行銷活動與連鎖店面林立，臺灣喝咖啡的消費者行為已在改變，就像是喝茶一樣，那樣自然隨興，如同法國十九世紀偉大文豪、寫實派作家巴爾札克（Honoré de Balzac）說：「咖啡是我生命運轉的黑色機油」，咖啡儼然成為臺灣人民生活必需品的一部分，一年每人平均消耗 0.3kg。

◆ 而令人意外的一項估計，全世界消耗最多咖啡的國家，竟然是北歐國家（挪威、芬蘭、丹麥和瑞典），由於北歐一年當

中超過半年在下雪，天寒地凍之故，咖啡的消耗量也隨之增加，北歐國家攻占咖啡消耗的前 4 名，一年每人平均消耗 7.8kg~10.7kg，就連嗜咖啡成癮的義大利人也退避三舍，一年每人平均「只」消耗 3.2kg。

可可豆 天神的食物

C8 圖 68　迦納鈔票背面

　　「迦納即可可，可可即迦納」這是迦納人最引以為傲的一句話。可可豆，是迦納經濟的最大支柱之一（圖68），生產量位居世界第二，緊追在象牙海岸之後。可可豆占迦納全部出口收入的40%左右，為國家帶來經濟成長與促進農業現代化。由於當地氣候和土壤相當適合種植可可，政府大力鼓勵人民種植，並以小農為主，以家庭為單位，目前有約上百萬小農種植可可，「可可之鄉」可見一斑。

cx 圖 69　薩摩亞鈔票背面

南太平洋島國薩摩亞也產可可豆，農民採收可可豆情形（圖 69），呈現在 100 元鈔票背面上。

可可豆前十大生產與消費國家

排序	十大生產國	數量（千噸）	排序	十大消費國	數量（千噸）
1	象牙海岸	1,449	1	美國	770
2	迦納	835	2	德國	330
3	印尼	420	3	英國	223
4	喀麥隆	225	4	法國	218
5	奈及利亞	225	5	俄羅斯	205
6	厄瓜多	192	6	巴西	200
7	巴西	185	7	日本	160
8	秘魯	69	8	西班牙	107
8	多明尼加	68	9	加拿大	89
10	哥倫比亞	48	10	義大利	85

鈔越新視界

◆ 讓人「有戀愛般好滋味」的巧克力，是 Chocolate 的譯音，來源是可可豆，學名是「Theobroma」，意思是「眾神的飲品」（food of the gods），此外，從前的古瑪雅人甚至把可可豆當成貨幣通用，足見其珍貴。

◆ 可可豆的主要產地分布在赤道線兩側的熱帶地區：有象牙海岸、迦納、印尼、奈及利亞、喀麥隆、巴西、厄瓜多及南太平洋島國薩摩亞等國家。

◆ 象牙海岸生產的可可豆產量排名世界第一，迦納排在第二位，兩國掌握全球 1/3 的產量，印尼排名第三，產量卻遠遠不如前二強。最有趣的是巴西產可可，也愛吃可可，自產自銷，真是浪漫的國度。

◆ 可可豆幾乎都產自於較貧窮的國家，甚至終其一生都沒有機會享用過巧克力產品，但是大量消費的人民，卻都是來自於較富裕的歐美國家，而美國是世界第一大進口國，全世界最大的巧克力製造商則是美國賓州的賀喜公司（The Hershey Company）。

◆ 根據醫學報導指出，巧克力能刺激腦內啡分泌，增加喜悅和幸福感，苯乙胺讓人有戀愛的感覺。每天 30 克黑巧克力，具有保護心血管的效果。巧克力對人類益處相當多，其中「可可鹼」會有效提振精神，增強興奮等功效，但是對於如貓、狗等動物是百害無一利的食物，由於這些小動物無法進行有效的「可可鹼」代謝，萬一誤食巧克力，可可鹼將留在血液中長達數十個小時，進而出現中毒症狀，導致死亡。

糖 振奮心情的甜蜜能量

ベ 圖 70　古巴鈔票背面

　　古巴生產甘蔗（圖 70）的數量雖不及世界前十大，但古巴是較早發展副產品的國家，將甘蔗綜合利用，產品有：酒精、酵母、蔗渣板、蘭姆酒（Rum）、蔗蠟、蔗渣紙漿和紙等。

ベ 圖 71　蓋亞那鈔票背面

　　位於南美洲北部的蓋亞那，氣候得天獨厚，土地肥沃，雨量充沛，盛產甘蔗，鈔票左側是甘蔗收割（圖 71），右側是用機械運送。

糖十大生產與消費國家

排序	十大生產國	數量（千噸）	排序	十大消費國	數量（千噸）
1	巴西	39,450	1	印度	22,830
2	印度	21,150	2	歐盟 27 國	19,150
3	歐盟 27 國	16,760	3	中國	14,850
4	中國	11,600	4	巴西	13,230
5	美國	7,640	5	美國	10,150
6	泰國	6,770	6	俄羅斯	5,760
7	墨西哥	5,080	7	印尼	5,280
8	巴基斯坦	3,860	8	巴基斯坦	4,710
9	澳洲	3,630	9	墨西哥	4,540
10	俄羅斯	2,970	10	埃及	2,890

鈔越新視界

◆ 巴西是最大蔗糖生產國，除了是配合世界愛喝咖啡及紅茶之拌料，也當汽車燃料。蔗糖（甘蔗）來自較溫暖的地帶，提煉出來的稱之「白糖」適合配紅茶。甜菜來自較冷的地帶（歐盟諸國及東歐），提煉出來的稱之「棕糖」，適合配咖啡，不要弄錯了喔！

◆ 臺灣早期工商業尚未發展時，都靠農產品外銷爭取外匯。所謂的「ABC 與 RST」，它是什麼東西呢？告訴您：

A-Alcohol(酒精)	R-Rice(米)
B-Banana(香蕉)	S-Sugar(糖)
C-Camphor(樟腦)	T-Tea(茶)

其中糖是最大宗，難怪「臺糖」是臺灣特大地主！

茶 魔力之葉

❧ 圖 72　印尼鈔票背面

　　印尼除盛產咖啡豆外，也是茶葉生產國（圖 72），其中 60%
供應外銷，但目前的品質屬中低層級，價位低廉。近五年，由於
種植茶葉的利潤太低，本地茶農改種其他高附加價值的農作物，
造成茶的種植地越來越少，產量驟降。

CR 圖73　肯亞鈔票背面

　　肯亞以生產紅茶出名，是世界第三出口紅茶產地（圖73），僅次於中國及印度。中國及印度本身也在喝茶，而肯亞紅茶幾乎都外銷，茶葉產業是肯亞的出口支柱產業。

茶十大生產與消費國家

排序	十大生產國	數量（千噸）	排序	十大消費國	數量（千噸）
1	中國	1,700	1	中國	1,482
2	印度	1,000	2	印度	939
3	肯亞	369	3	土耳其	231
4	斯里蘭卡	330	4	俄羅斯	173
5	土耳其	225	5	巴基斯坦	127
6	越南	217	6	英國	125
7	伊朗	158	7	美國	123
8	印尼	150	8	日本	121
9	阿根廷	100	9	埃及	95
10	日本	86	10	伊朗	80

鈔越新視界

◆ 經由上表統計可得出，中國是全世界生產茶葉產量最多、出口最多、也是消費最多的國家。茶的故鄉是中國，我們常說華人開門七件事為柴、米、油、鹽、醬、醋、茶，是生活中不可或缺的必需品。

◆ 印度，產茶的數量雖屈於世界第二，但其紅茶產量則是世界第一，更是紅茶的消費大國，最知名的紅茶為大吉嶺紅茶，產於印度喜馬拉雅山麓的大吉嶺高原，味道帶有果香而濃郁，冠絕一眾紅茶，有「紅茶中的香檳」之美譽。

◆ 而其他國外的特色茶飲如下，西藏游牧地區喜歡喝磚茶，加入食鹽及牛奶、羊奶或酥油，製成酥油茶。印度愛喝辣茶，在茶水中加入牛奶、糖、薑和豆蔻、桂皮、丁香各種香料。香港，則利用濾網沖泡出濃厚的紅茶，再加入淡奶，由於染了茶色後的細濾網看似絲襪，因此被稱為絲襪奶茶。

◆ 在臺灣夜市中也常看到的印度拉茶，相傳最早是移民馬來西亞的印度人所發明，馬來西亞人稱之為「飛茶」，用兩個杯子遠距離倒來倒去，看起拉來拉去的動作，故又名「拉茶」，「拉」得越長，產生的泡沫越多，口感越細緻。

◆ 阿根廷南美洲地區的人民喜愛喝「瑪黛茶」，該茶是由草本植物「巴拉圭冬青」乾燥的葉片浸泡在熱水中，所泡出來的茶湯稱為「瑪黛茶」，是富含咖啡因的飲料，有助人體恢復活力和消除疲勞，而且亦有鎮定情緒的作用。土耳其則是「蘋果茶」最有名。

◆ 英國，是不產茶的國家，但卻是愛喝茶的國家。英國人下午茶（Afternoon Tea）舉世皆知，最早是在英國維多利亞時代王公貴族間流行開來，到現在演變成一般人都負擔得起的茶文化，下午茶的專用茶為頂級的大吉嶺紅茶與或有融入佛手柑芬芳的伯爵茶、形狀像火藥及有一點點的煙燻味的火藥綠茶，或適合添加牛奶成為奶茶的錫蘭高地紅茶。

橡膠 大樹的眼淚

ᘱ 圖 74　賴比瑞亞鈔票背面

　　賴比瑞亞的橡膠（圖 74）是二十世紀初自南美洲引進來的，現在已成為該國極重要的天然經濟資源。

ᘱ 圖 75　柬埔寨鈔票背面

　　近幾年來，柬埔寨政府大規模發展橡膠種植（圖 75），以因應中國輪胎產業對製造輪胎原料──橡膠之需求。

天然與人造橡膠十大生產與消費國家

排序	十大生產國	數量（千噸）	排序	十大消費國	數量（千噸）
1	中國	4,592	1	中國	8,899
2	泰國	3,879	2	歐盟 28 國	3,430
3	印尼	3,063	3	美國	2,716
4	歐盟 28 國	2,597	4	日本	1,676
5	美國	2,311	5	印度	1,427
6	日本	1,627	6	泰國	896
7	俄羅斯	1,476	7	巴西	846
8	南韓	1,436	8	俄羅斯	818
9	印度	1,029	9	印尼	794
10	馬來西亞	1,028	10	德國	793

鈔越新視界

◆ 天然橡膠原產於亞馬遜森林，被種植至東南亞，青出於藍。現在的泰國、印尼、馬來西亞皆是重要產地。它具有優秀彈力、抗摩擦、抗張力的特性，常用在輪胎、避震墊、鞋底、渡輪等。

◆ 由於天然橡膠的生產地域性（熱帶地方）及產量不夠全球消費，所以科學家研發人造橡膠（來自石油化學工業）彌補天然橡膠之不足。生產大國如美國、日本、南韓、德國，各式人造橡膠不斷發展出來。

◆ 天然橡膠耐重，多用在貨車的輪胎；人造橡膠耐磨，多用於轎車。

純羊毛 輕柔的纖維鑽石

ℭℑ圖 76　澳洲鈔票正面

　　「手捧金盆，騎在羊背上前進的國家」，這是形容澳洲在十九世紀時，憑藉黃金和羊毛使得經濟大幅成長，為國家雙支柱，目前澳洲羊毛產量仍高居世界第二（圖 76）。

✂ 圖77　南非鈔票背面

　　南非是世界上最大的羊毛出口國之一（圖77），近半數的南非羊毛出口到中國。

純羊毛十大生產與消費國家

排序	十大生產國	數量（千噸）	排序	十大消費國	數量（千噸）
1	中國	400	1	中國	402
2	澳洲	362	2	印度	82
3	紐西蘭	165	3	義大利	65
4	英國	68	4	土耳其	46
5	伊朗	62	5	伊朗	35
6	摩洛哥	56	6	紐西蘭	17
7	阿根廷	55	7	俄羅斯	16
8	俄羅斯	55	7	烏茲別克	16
9	土耳其	51	9	摩洛哥	15
10	印度	46	9	南韓	15

鈔越新視界

◈ 羊毛柔軟又具保溫效果，長久以來被利用於編織衣服，中世紀英國牧羊業發達，迄今仍是西裝毛料之頂尖者。十九世紀英國殖民世界各地，如澳洲、紐西蘭、印度、南非均成為羊毛主要生產國，在主要消費國中的義大利、比利時也成為世界毛衣服飾領導者。

◈ 世界最頂級的羊毛是克什米爾的 Pashmina，就是「波斯文」羊絨的意思，它的等級又比 Cashmere 更高級，Pashmina 來自喜馬拉雅山高海拔的 Capra Hircus 山羊的腹下絨毛，它柔軟、細緻，幫助山羊度過漫長、酷寒的冬季。

棉花 植物界的白金

ʚɞ 圖 78　敘利亞鈔票背面

　　敘利亞棉花（圖 78）重質不重量，雖然沒進入世界前十大排行榜，但是棉花品質等級較高，主要原因是採用人力手工採收，其次是因少霜雪、少病蟲害。

≪ 圖79 肯亞鈔票背面

近十年來，肯亞紡織產業欣欣向榮，帶動棉花需求勁升，該國已允許種植基因改造的棉花種子（圖79），期望搭配現代化生產設施，力求提高產量帶動經濟成長。

棉花十大生產與消費國家

排序	十大生產國	數量（千噸）	排序	十大消費國	數量（千噸）
1	中國	7,300	1	中國	8,290
2	印度	6,095	2	印度	4,845
3	美國	3,770	3	巴基斯坦	2,416
4	巴基斯坦	2,204	4	土耳其	1,350
5	巴西	1,261	5	巴西	887
6	澳洲	1,002	6	孟加拉	800
7	烏茲別克	1,000	7	美國	751
8	土耳其	858	8	印尼	493
9	土庫曼	335	9	越南	412
10	布吉納法索	260	10	泰國	360

鈔越新視界

◈ 中國是世界最大棉花生產國,但其紡織業興盛需求甚多,反而還要大量進口,巴基斯坦、土耳其也是如此。

◈ 棉花輸出國有美國、巴西、印度、澳洲。

◈ 棉花喜熱好光(故常生長在熱帶或亞熱帶),適合疏鬆深厚土壤種植,棉花天然柔和,無刺激性,是健康保暖之首選。主要仍為編織品材料,如棉衣、棉被、棉布或內衣,原產地是在印度河流域,輾轉經歐洲至美洲。烏茲別克因產棉花,有「白金之國」稱號。

◈ 白色的純棉衣,讓人聯想到天然、舒服、純潔的化身,雖棉花僅占世界耕地的 2%,但易生棉鈴蟲、盲椿象等害蟲,足足用掉殺蟲劑 25% 總量,對地球是很大的傷害。

銅 石器時代的終結者

✑ 圖 80　智利鈔票正面

✑ 圖 81　智利鈔票背面

　　智利，世界上領土最狹長的國家，被譽為「地球的裙邊」，由於太平洋板塊和南美洲板塊經過數億年的碰撞，催生了地球上蘊藏最為豐富的銅礦層，帶來了無盡的財富。智利是全球銅礦儲量最豐、產量最大、出口量最多的國家，被譽為「銅礦之國」，銅的顏色很像金，但發紅，智利政府預估銅礦的儲量還能夠再開

發一百年。所以智利人說：「感謝上帝，賜給我們紅金」。鈔票背面為當地銅礦場（圖81）。智利政府將採礦工人放在鈔票正面上（圖80），代表向這群常處在地底深處極惡劣的環境中，長時間辛苦工作的採礦工人致意，他們的辛勞為國家帶來外匯收入，礦業生產占該國 GDP 的兩成，占政府財政收入的三成，以及出口總量約六成比重，而中國是智利最大的銅進口國。

ભ 圖82 尚比亞鈔票正面

　　非洲最大銅產國尚比亞，銅礦蘊藏量約占世界總儲量的6%，素有「銅礦之國」之稱（圖82），其銅製品已融入尚比亞人的生活當中，並大量利用銅製品裝飾建築物。

銅十大生產與消費國家

排序	十大生產國	數量（千噸）	排序	十大消費國	數量（千噸）
1	智利	5,434	1	中國	8,840
2	中國	1,642	2	美國	1,758
3	秘魯	1,299	3	德國	1,107
4	美國	1,196	4	日本	985
5	澳洲	914	5	南韓	717
6	尚比亞	782	6	義大利	570
7	俄羅斯	720	7	俄羅斯	494
8	剛果	608	8	印度	456
9	加拿大	579	9	巴西	432
10	墨西哥	500	10	臺灣	432

鈔越新視界

◆ 純銅是一種柔軟、堅韌、延展的金屬。1 公克的銅可拉到三公里長的銅絲，也可壓成 10 平方公尺的銅箔，導電、導熱極佳。把錫摻入稱為「青銅」，可製造各種工具及武器。把鋅摻入稱之「黃銅」，可製造精密儀器、船舶零件。把鎳摻入稱之「白銅」，可製造硬幣、電器、裝飾品等。與金結合，稱之「十八K金」，可製作各種首飾。

◆ 智利、秘魯礦業立國，銅的產量居世界第一、第三大。臺灣不產銅，但因工業需要，是世界第十大消費國。中國雖是世界第二大銅生產國，但需求量卻是它的 5.4 倍，須大量進口才夠，其消費量幾占世界一半。

話題
23

鉛 柔軟的弱金屬

☙ 圖 83　秘魯鈔票背面

秘魯鉛礦生產量（圖 83）僅為世界第一的中國的一成多，但其蘊藏量是中國的一半，開採量也只有 18% 左右，意味中國對礦產資源的保護程度不夠，而未來秘魯生產量潛力無窮。

鉛十大生產與消費國家

排序	十大生產國	數量（千噸）	排序	十大消費國	數量（千噸）
1	中國	2,838	1	中國	4,673
2	澳洲	622	2	美國	1,500
3	美國	345	3	印度	524
4	秘魯	249	4	南韓	429
5	墨西哥	238	5	德國	381
6	俄羅斯	138	6	日本	273
7	印度	115	7	西班牙	244
8	玻利維亞	81	8	巴西	238
9	瑞典	64	9	英國	229
10	加拿大	61	10	義大利	195

鈔越新視界

◆ 世界鉛礦資源較豐富的國家有中國、澳洲、美國、秘魯等。
中國鉛礦資源豐富，分布於湖南、廣西、廣東、江西、江蘇、
雲南、青海、甘肅、陝西等省等。但消費量是生產量之二倍
多，所以也要大量進口。

◆ 世界鉛的成分主要被應用在鉛酸蓄電池、化學工程、鉛板及
鉛管、焊料和鉛彈領域。

鋅 鋼鐵大軍的保護者

◯ 圖84 秘魯鈔票背面

　　盛產鋅礦世界第三強的秘魯（圖84），也是聞名世界的古印加文化發祥地。

鋅十大生產與消費國家

排序	十大生產國	數量（千噸）	排序	十大消費國	數量（千噸）
1	中國	3,700	1	中國	5,306
2	澳洲	1,480	2	美國	907
3	秘魯	1,470	3	印度	538
4	美國	748	4	日本	516
5	印度	740	5	南韓	501
6	加拿大	649	6	德國	494
7	墨西哥	570	7	義大利	339
8	玻利維亞	411	8	比利時	321
9	哈薩克	404	9	巴西	246
10	愛爾蘭	354	10	臺灣	232

鈔越新視界

◆ 鋅，是地球上第四常見的金屬，次於鐵，鋁，銅。由於鋅防鏽力相當高，所以常被應用在鋼材和鋼結構件的表面鍍層，例如鍍鋅鋼板、建築用金屬、鐵塔、橋梁及日用品的防鏽處理，電池的外殼也是由鋅構成。中國的鋅礦資源產出驚人，地質儲量遠遠超過其他國家的總量，鋅礦資源分布遍及中國各省，但是，仍不能滿足需求，必須大量自國外進口。臺灣為鋅資源的第十大消費國。

鎳 鑄幣之母

◰ 圖 85　南非鈔票背面

　　南非鎳礦蘊藏量（圖 85）曾被評估為世界第五，但由於近年政府限制出口及當地礦業工會與礦主之間常存在工資爭議，罷工頻傳，使得近年跌出十大生產國名單之外。

◰ 圖 86　波札那鈔票背面

　　波札那是世界最大鑽石生產國，鑽石產值占該國 GDP 的三分之一，除外，亦產鎳礦（圖 86），生產量居全球第 12 名。

鎳十大生產與消費國家

排序	十大生產國	數量（千噸）	排序	十大消費國	數量（千噸）
1	俄羅斯	274.1	1	中國	561.5
2	印尼	203.3	2	日本	177.0
3	菲律賓	173.0	3	美國	118.8
4	澳洲	170.0	4	南韓	101.2
5	加拿大	158.4	5	德國	100.3
6	新喀里多尼亞	129.9	6	臺灣	72.7
7	中國	79.6	7	義大利	62.3
8	古巴	65.4	8	南非	40.8
9	巴西	52.5	9	芬蘭	38.8
12	波札那	27.4	10	英國	32.4

鈔越新視界

◆ 鎳多用於鑄幣，也常被應用於電鍍工業，也可滲入製成合金鋼、不鏽鋼。鍍鎳的物品美觀、乾淨、又不易鏽蝕。極細的鎳粉，在化學工業上常用作催化劑。臺灣不產鎳，因工業需要，是世界第六大消費國。中國有產鎳（排行第七），但消費量全球首位，是年產量之七倍。

鋁　勢力強大的金屬一哥

ি 圖 87　牙買加鈔票背面

　　鋁的原礦即鋁礬土，牙買加的礦產資源主要有鋁礬土（圖 87），儲量約 25 億噸。

ি 圖 88　圭亞那鈔票背面

　　圭亞那在南美洲北端，人口不足百萬，經濟以農林漁礦為主，其中鋁土礦開採約占出口總收入的 40%，圭亞那 10 元鈔票背面，係鋁土開採及煉鋁工廠（圖 88）。

鋁十大生產與消費國家

排序	十大生產國	數量（千噸）	排序	十大消費國	數量（千噸）
1	中國	20,267	1	中國	20,274
2	俄羅斯	4,024	2	美國	4,845
3	加拿大	2,781	3	德國	2,086
4	美國	2,070	4	日本	1,982
5	澳洲	1,864	5	印度	1,690
6	阿拉伯聯合大公國	1,861	6	南韓	1,278
7	印度	1,714	7	巴西	1,021
8	巴西	1,436	8	土耳其	925
9	挪威	1,202	9	義大利	754
10	巴林	890	10	俄羅斯	685

鈔越新視界

◆ 鋁在地殼中占金屬比例最高，近 9%。它質輕質堅，具有良好的延展性、導電性、耐熱性，是很重要之工業原料。在貨櫃運輸、日常用品、專用電器、機械設備、交通工具、電纜材料等大量的使用。中國是第一名的生產國也是消費國，供需均衡，地大物博的俄羅斯、加拿大、澳洲成為最大的出口國。

原油 炙手可熱的黑金

ᑰ 圖 89　沙烏地阿拉伯鈔票背面

　　「原油王國」沙烏地阿拉伯是中東地區最大經濟體（圖89），也是世界上最富裕的國家之一。原油為該國經濟命脈，其總蘊藏量尚可供給 80 年的能源需求。沙國長期雄踞世界原油產量冠軍寶座，僅在 2010 年，由於為調節市場供需價格，刻意減產而使產出稍遜於俄羅斯。

❸ 圖 90　奈及利亞鈔票背面

　　奈及利亞原油的出口占政府收益逾八成，是非洲第一大產油國，被封為「非洲的原油巨人」（圖 90）。

　　由於奈國政府政策過度傾斜原油產業，又與石油公司間利益掛勾、貪汙腐敗事件頻繁、糧食短缺嚴重，飢餓帶來人民憤怒。雖坐擁豐富原油蘊藏量，卻困在發展不足與貧困之中，無法使人民免於飢餓及提升國民所得，被國際性組織世界銀行稱該現象為「奈及利亞矛盾」（Nigerian Paradox）。

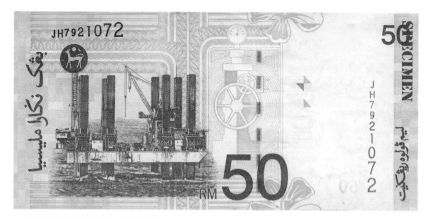

ᑫ 圖 91　馬來西亞鈔票背面

　　馬來西亞的原油產量主要位於海上的油田（圖 91），總產量
規模不大，但是品質和產量穩定，是重要的能源生產國和出口國，
主要出口至日本、泰國、南韓等亞洲國家。

ᑫ 圖 92　越南鈔票背面

　　原油出口是越南最大的外匯收入之一，加上近年來經濟迅速
發展及人口增加，帶動能源消費量顯著成長，越南政府進而加速
油田的發展計畫，並在與中國都宣稱擁有主權的南海區域，進行
原油探勘活動（圖 92），造成兩國之間關係緊繃、劍拔弩張。

原油十大生產與消費國家

排序	十大生產國	數量（千桶／日）	排序	十大消費國	數量（千桶／日）
1	沙烏地阿拉伯	11,525	1	美國	18,887
2	俄羅斯	10,788	2	中國	10,756
3	美國	10,003	3	日本	4,551
4	中國	4,180	4	印度	3,727
5	加拿大	3,948	5	俄羅斯	3,313
6	阿拉伯聯合大公國	3,646	6	沙烏地阿拉伯	3,075
7	伊朗	3,558	7	巴西	2,973
8	伊拉克	3,141	8	南韓	2,460
9	科威特	3,126	9	加拿大	2,385
10	墨西哥	2,875	10	德國	2,382

鈔越新視界

◈ 石油是世界最重要之能源，88% 用來做燃油（火力發電）及汽油（交通工具），而 12% 為化工材料，如溶液、化肥、殺蟲劑、塑料等等之原料，屬於一種不可再生原料，以致價格愈來愈昂貴，又被稱為「黑金」。

◈ 有一個有關石油的笑話，話說信回教就擁有石油，在西非的中東，信回教國家幾乎有豐富油源，而信猶太教的以色列，信基督教的敘利亞就沒有。非洲中的北非諸國及西非的奈及利亞，信奉回教也擁有石油，其他國家就很少了，在東南亞中的印尼、馬來西亞、汶萊盛產石油，除外則甚少生產，中國產地則獨獨在信「回教」的新疆。問題來了，美國沒有回教，為何有石油？答案是冠上聖名—「阿拉」斯加。

天然氣 火力十足的燃料之源

∽ 圖 93　玻利維亞鈔票背面

　　玻利維亞天然氣產量排名世界前 30 名（圖 93）。2006 年，當時玻國首任原住民總統莫拉雷斯（Evo Morales），曾出動政府軍和工程人員，以「不再賤賣國家資源予外資，順應當時民意」為靠山，強制接收國外企業所投資的天然氣田和原油田，將之收歸國有後，並將石化產業的盈餘，用來改善國內貧苦地區。

　　玻國的天然氣蘊藏量為南美洲第二名，僅次於委內瑞拉，但玻國卻是南美最貧窮國家之一，主因地處內陸，缺乏通往太平洋的輸氣管路建設，無法將天然氣外銷到亞洲、或北美洲的墨西哥與美國，只能「就近」賣給巴西、阿根廷等鄰國。

○3 圖94　敘利亞鈔票背面

　　敘利亞的天然氣產量不高（圖94），產量略遜於玻利維亞，每日產量為 900 噸，而實際需求達到 2,200 噸，得大量進口以補國內需求缺口， 2012 年以來，敘利亞國內局勢動盪，鎮壓反政府軍，造成人民傷亡，國際間介入調停，並制裁敘利亞天然氣與原油的進口，造成天然氣短缺、價格飛漲，人民基本生活陷入困難。

天然氣十大生產與消費國家

排序	十大生產國	數量（百萬立方公尺）	排序	十大消費國	數量（百萬立方公尺）
1	美國	687.6	1	美國	737.2
2	俄羅斯	604.8	2	俄羅斯	413.5
3	伊朗	166.6	3	伊朗	162.2
4	卡達	158.5	4	中國	161.6
5	加拿大	154.8	5	日本	116.9
6	中國	117.1	6	加拿大	103.5
7	挪威	108.7	7	沙烏地阿拉伯	103.0
8	沙烏地阿拉伯	103.0	8	德國	83.6
9	阿爾及利亞	78.6	9	墨西哥	82.7
10	印尼	70.4	10	英國	73.1

鈔越新視界

◈ 天然氣是由甲烷組成之氣態化石燃料,它可用來發電、汽車燃料(價格便宜,較不污染)、家用烹飪和取暖,亦可當肥料(氨)。

◈ 俄羅斯占有世界 30% 的天然氣蘊藏量,還能開採 80 年以上,是天然氣輸送管最長及出口量最多國家,前一陣子因價格談不攏,用「斷氣」對付歐洲諸國。

REFINERIA PETROLERA

話題

29

錫 罐頭食品的好哥們

圖 95　玻利維亞鈔票背面

錫礦數量位居世界前五強的玻利維亞（圖 95），曾是古印加帝國的一部分。目前是南美洲最貧窮落後的國家之一，導因為政府的高度腐敗所致，但是擁有豐富的石油和天然氣，以及金、銀、錫、鉛、鋅等，因此被稱為「坐在金椅子上要飯的乞丐」。

錫五大生產與消費國家					
排序	五大生產國	數量（千噸）	排序	五大消費國	數量（千噸）
1	中國	115.9	1	中國	176.4
2	印尼	90.0	2	美國	30.7
3	秘魯	26.1	3	日本	27.7
4	玻利維亞	19.7	4	德國	17.6
5	巴西	13.7	4	南韓	16.2

鈔越新視界

◈ 錫的顏色和銀很相近、且十分柔軟（軟度次於鉛的實用金屬），高導熱性質。自古以來，常被製作成餐具、茶具、酒器和各種工藝品。工業上，常電鍍在食品罐頭表面以防酸和鹼的侵蝕。食品業中，馬口鐵罐頭表面處理上會塗有一層錫，用於貯藏食物。而錫紙常用來包裝食物或藥品。

◈ 中國的錫產量占全世界的 30%，印尼和巴西約占 30%，南美洲的秘魯和玻利維亞約占 20%。

煤礦 工業革命的基石

CS 圖 96　土耳其鈔票背面

　　隨著經濟快速發展，帶來能源的高使用量，但是土耳其能源自給率低，對進口能源的依賴不斷增長。而土耳其除地熱與風力發電外，尚有火力發電。煤產量位居世界第 29 名的土耳其（圖96），煤礦取得容易，使用火力發電可以降低發電成本，但是，會產生二氧化硫、懸浮微粒，造成空氣污染及酸雨等環境污染。2012 年，土耳其與阿拉伯聯合大公國簽署能源計畫協議，共同開發土耳其南部的煤田，以作為發電之用。

❦ 圖97　北韓鈔票背面

　　北韓煤礦儲量也相當豐富，從 1970 年開始，北韓為鞏固工業及提高國防力量，大力發展發電成本較低廉的火力發電廠，而發電廠主要集中在靠近煤礦的地區，共有數十座大型火力發電廠（圖 97），因此，煤的消耗量也連帶攀升，位居世界前十名。

煤十大生產與消費國家

排序	十大生產國	數量（百萬噸油氣當量）	排序	十大消費國	數量（百萬噸油氣當量）
1	中國	1,840.0	1	中國	1,925.3
2	美國	500.5	2	美國	455.7
3	澳洲	269.1	3	印度	324.3
4	印尼	258.9	4	日本	128.6
5	印度	228.8	5	俄羅斯	93.5
6	俄羅斯	165.1	6	南非	88.2
7	南非	144.7	7	南韓	81.9
8	哈薩克	58.4	8	德國	81.3
9	波蘭	57.6	9	波蘭	56.1
10	哥倫比亞	55.6	10	北韓	48.7

鈔越新視界

◈ 煤，是碳氫化合物經過地殼隔絕空氣的壓力和溫度條件下作用，產生的碳化化石礦物，主要被人類開採作為燃料。

◈ 煤的主要成分為碳、氫、氧和少量的氮、硫與其他元素。硫是煤最主要雜質之一，其通常以硫化物之形式出現於煤的燃燒生成物中。某些國家（例如美國）已設立規範管制硫化物之排放量，因除去此類有害雜質花費不低，故政府均獎勵生產低硫煤以減少污染。煤也普遍被認為是遠古植物遺骸埋在地層下所形成。

黃金白銀　身價不凡的貴金屬

❦ 圖 98　南非鈔票背面

　　二十年前，南非曾是世界上最大的黃金生產國和出口國（圖98），黃金出口額占全部對外出口額的三分之一，因此又被譽為「黃金之國」。但由於金礦是不可再生資源，這也注定了南非黃金產量下跌的不可逆，現在已被中國拋在腦後。

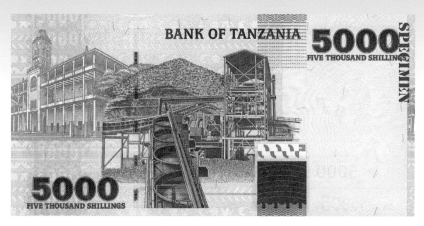

❦ 圖 99　坦尚尼亞鈔票背面

　　坦尚尼亞擁有大量的天然資源，其中金礦蘊藏量超過 50 萬盎司（圖99）。

貴金屬──金、銀十大生產國家

排序	黃金十大生產國	數量（千噸）	排序	白銀十大生產國	數量（千噸）
1	中國	403.1	1	墨西哥	5,358
2	澳洲	253.0	2	中國	3,639
3	美國	234.9	3	秘魯	3,481
4	俄羅斯	182.6	4	澳洲	1,728
5	秘魯	161.8	5	俄羅斯	1,400
6	南非	154.2	6	波蘭	1,280
7	加拿大	105.3	7	玻利維亞	1,207
8	墨西哥	102.8	8	智利	1,151
9	迦納	98.6	9	美國	1,060
10	烏茲別克	73.2	10	哈薩克	963

鈔越新視界

◆ 黃金是稀有的貴金屬，自古以來被用做貨幣、保值物，尤其延展性是金屬中最高的，所以可打造成金箔，多用在塑像、建築、工藝品的貼金，亦可用在假牙、電力傳導、電子材料。過去南非是第一生產國。1970年代生產量占世界八成，由於不斷開挖，產量明顯下降，現由中國、澳洲、美國取代南非的地位。

◆ 白銀是次於黃金之貴金屬，常被用在貨幣、首飾、牙醫、裝飾品、電子工業導電材料、銀器餐具。世上最大銀礦多在美洲的墨西哥、秘魯、智利、玻利維亞、美國、加拿大等。

◆ 臺灣金瓜石曾被譽為是「亞洲第一貴金屬礦山」，當時所出產的含金量，每公噸還比今日的南非金礦含金量還高出許多。

◆ 臺灣的新北市瑞芳區九份、金瓜石地區約有十來處礦脈。在

清末被發現的金瓜石礦脈，因為藏金的山形酷似南瓜（即閩南語的金瓜）而命名。到了日治時代為金瓜石礦業的輝煌歲月，全盛時期黃金年產量高達 2 到 3 公噸與及 10 噸的銀，甚至還有更多的銅，也有「黃金城」美譽。當時，這些金屬被當作日本在第二次世界大戰期間的儲備資金，也用來製造軍事裝備。最後，金瓜石的採礦事業經歷史更迭，經營權轉換與及債務問題結束經營，終在 1987 年宣告關閉礦場。

◆ 2004 年，由當時的臺北縣政府主導、臺電與臺糖共同開發，以介紹金瓜石礦業發展歷程為主軸的黃金博物園區正式開園，鎮館之寶為全世界最大的 220 公斤 999 純金大金磚。臺北縣瑞芳鎮金瓜石礦區的地底下還藏有百萬兩以上的金礦！近十年來經濟部礦業司和國外的礦業公司從未間斷對金瓜石礦源的探勘工作，五年前，澳洲礦業公司和地質學家曾探勘金瓜石，認為地下還有約值 2,000 億元的金礦。Discovery 頻道也曾做「看國外怎麼介紹臺灣──謎樣臺灣：金瓜石」專題介紹。

◆ 黃金及白銀都是貴金屬，在地下資源物稀為貴應屬「鑽石」了，它的身價常用 4C 衡量──1. 克拉（Carat）：一克拉等於 200 毫克，越大的鑽石越稀少，當然價格越高。2. 淨度（Clarity）：內含物（天然雜質或裂痕）越少，價格越高，如用十倍放大鏡下，內外無內含物（Flawless）完美無瑕，即是上品。3. 色澤（Color）：純正的鑽石應是透明無色，有帶顏色會影響其價值。4. 切工（Cut）：能切磨多面，光芒四射，耀燦生輝，大增其值。

cх 圖 100　剛果鈔票正面

　　約占一半的鑽石來自非洲中部及南部（南非、波札那、那米比亞、剛果），圖上剛果 500 元正面即是剛果鑽石（圖 100），占世界產量二成，由於銷售鑽石高額利潤，常為反政府組織武器來源，造成流血武裝衝突，故被稱「血鑽石」。

農礦價格 民生經濟臍帶

ᗗ圖 101　印度鈔票背面

　　印度以農立國（圖101），占勞動力之六成，世界椰子、生薑、茶葉、胡椒最大生產國，也是世界第二的小麥、稻米、蔗糖、花生之產地，地面上之農作物均極易受氣候反常、地球暖化之影響而歉收。

❝ 圖 102　秘魯鈔票背面

　　秘魯以礦立國（圖102），品種多，儲量大，由銅、鉛、鋅、金、銀、鐵、鎢、錫、銻等，其中銀、鉍產量居世界第二，錫、銻第三位，鉛、鋅第四位，銅、鎢、鉬第六位，黃金第八位。

　　再加上供需失調，投機客操作，所以農礦原料價格升多跌少，一旦國際原物料飆漲，引發水電及其他相關行業價格上升，生產成本隨之波動，對企業是雪上加霜，自會影響經濟發展。

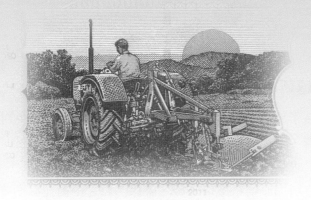

農礦產品價格之升貶變動率

2013 年物價波動（%）			2005～2013 年物價波動（%）		
1.	椰子油	58.3	1.	黃金	217.5
2.	羊毛（紐西蘭）	28.1	2.	錫	202.9
3.	獸皮	23.6	3.	玉米	177.1
4.	可可豆	21.4	4.	豆粕	131.6
5.	棕櫚油	11.7	5.	大豆	130.8
6.	小羊肉	9.1	6.	鉛	118.7
7.	棉	8.1	7.	小麥	114.9
8.	西德州原油鉛	7.3	8.	棕櫚油	103.0
9.	羊毛（澳洲）	5.8	9.	大豆油	103.0
10.	豆粕	4.1	10.	銅	99.2
11.	牛肉（美國）	3.8	11.	糖	79.2
12.	鋅	2.5	12.	西德州原油	73.0
13.	木材	-3.7	13.	米	67.8
14.	牛肉（澳洲）	-4.0	14.	棉花	66.3
15.	錫	-4.1	15.	橡膠	65.1
16.	鉛	-5.7	16.	可可豆咖啡	59.0
17.	銅	-6.6	17.	椰子油	54.0
18.	大豆	-7.5	18.	茶	52.5
19.	鋁	-13.5	19.	牛肉（澳洲）	52.3
20.	糖	-15.5	20.	羊毛（澳洲）	52.2

鈔越新視界

◈ 為了應對農礦價格變動快速，探討原物料上漲對物價之影
響，應從重要之原物料如鋼鐵、基本金屬、石油、穀類，其
供求狀況長期分析、追蹤，不要等到火燒眉毛乾焦慮。

◈ 宜增加原物料進口來源，確保供需之平衡並協助業者進行整

合工作，推動聯合採購，降低生產成本。

◆ 進一步強化製造業或加工業的創意設計，提高附加價值，並輔助使用替代性能源或汽電共生，提升能源使用效率。

◆ 全球原物料價格是漲多跌少，對此看漲趨勢，企業必做經營策略之調整，回歸至基本面，提升產品之品質及服務之滿意，才贏得市場認同，所謂「知名度」到「指名度」，用企業之「價值」取代產品之「價格」。

◆ 幣值貶值＋股市下跌＝金融痛苦指數（財產失血）

　物價上漲＋失業率＝民生痛苦指數（民不聊生）

　其中物價暴漲，會引起惡性通貨膨脹。

最依賴農業的國家
看天吃飯的邦國

ᘓ 圖 103　賴比瑞亞鈔票背面

　　賴比瑞亞是一個農業國，在經濟上依賴農業的國家中排名首位，農業占國內生產毛額（GDP）比例高達六成以上。鈔票中的婦女正在從事農事（圖 103）。

　　這個位於西非的國家，其面積與葡萄牙相當（是臺灣的 2.57 倍），卻是聯合國公布世界最不發達的國家之一。雪上加霜的是在 1989 年到 2003 年陷入長達十五年的內戰，內耗嚴重，百廢待舉，幾乎不具先進的農業技術專業能力，雖然農業人口占總人口的七成左右，全國可耕地只開發到 15%，因此，糧食尚不能自給，未來得靠外資來協助國內企業技術成長。

◖ 圖104　馬拉威鈔票背面

　　馬拉威（Republic of Malawi）位於非洲東南內陸，面積是臺灣三倍、人口是臺灣一半，卻是世界六大貧窮國家之一，其中大部分人口居住在鄉村地區，玉米為人民主食，菸草、茶葉及蔗糖為三大出口產品，鈔票上圖案為當地茶農採收茶葉的樣貌（圖104）。

　　馬拉威也被聯合國評為世界上最不發達的國家之一，全國約有一半以上的人生活在貧窮線以下，人均國民生產總值只有600美元（約臺幣18,000元），他們的「年薪」不及臺灣「月薪」基本工資20,008元，是全世界最低收入的一群。

　　茶製品及咖啡為盧安達主要外匯來源，本張鈔票即為茶農採收作業的情形（圖 105）。盧安達約有九成人口從事農業。

　　盧安達人口主要由占多數的胡圖族（Hutus），與人口較少卻在政治上較為強勢的圖西族（Tutsis）組成。兩族之間長年以來衝突不斷，最嚴重的一次在 1994 年，兩族發生恐怖的種族大屠殺，約百萬盧安達人死亡，且多數為圖西族人，是非洲近代史上最嚴重的種族滅絕大屠殺，震驚全世界。

　　2005 年，獲得第 77 屆奧斯卡金像獎「最佳原創劇本」、「最佳男主角」、「最佳女配角」提名的《盧安達飯店》（Hotel Rwanda），由真人真事所改編，即以 1994 年盧安達大屠殺為背景，講述了一位盧安達胡圖族飯店經理保羅・魯塞薩巴吉納，如何在種族仇殺中設法挽救與他不同種族的圖西族，他的勇氣與智慧成功挽救一千多位圖西族難民免於被屠殺。二十年過去了，現今盧安達在政治上及種族間仍呈緊張關係，長期的種族衝突對經濟造成嚴重影響，有三分之二的人口生活在貧窮線以下，必須高度依賴外援。

經濟上最依賴農業的國家，占 GDP（國內生產毛額）比例		
1	獅子山	56.7
2	查德	55.8
3	中非	44.3
4	衣索比亞	48.8
5	剛果	44.9
6	幾內亞比索	43.7
7	蒲隆地	40.6
8	賴比瑞亞	38.8
10	尼日	38.2
15	盧安達	33.0

鈔越新視界

ⓒ 賴比瑞亞國旗

ⓒ 美國國旗

◆ 剛才我們提到的全球經濟上最依賴農業的國家是賴比瑞亞，但是您有發現他們的國旗為何有美國國旗的元素呢？

西非的賴比瑞亞（Liberia）國旗酷似美國國旗，而且官方語言為英語，道出了兩國的特殊關係。最早的居民大多是十八世紀初從美國獲得自由的黑奴，紅色與白色是勇氣與忠誠的象徵，十一條紅白相間的橫線代表簽署賴比瑞亞獨立宣言的十一位傑出人士，上面的一顆白色五角星，表示這個國家是當時非洲唯一的黑人獨立國（因美國支持建國，所以未被歐洲列強殖民），因此賴比瑞亞英文的國名為「Liberia」，有「自

由」（Liberty）和「解放」（Liberated）的意思。

相當諷刺的是，後來，賴比瑞亞長期內戰，這個以「自由」和「解放」為建國理念的國家一直「不自由」、「解放不了」，另外，前總統泰勒（Charles Ghankay Taylor）已於 2013 年 10 月 15 日正式發監服刑，由荷蘭海牙國際刑事法院移送英國監獄，開始長達五十年的徒刑。他也成為二戰後被國際法庭裁定並判處徒刑的首位前國家元首。他被控在 1990 年代鄰國獅子山內戰期間，提供大量槍枝彈藥給獅子山國內以殘暴著稱的叛軍，用軍火交換叛軍的血鑽石（衝突鑽石），他因此被冠以「血鑽石總統」的惡名。

2006 年，由李奧納多・狄卡皮歐（Leonardo DiCaprio）演出的《血鑽石》（Blood Diamond），即以 1999 年內戰下的獅子山為背景，描述了血鑽石交易的血腥骯髒和內戰下人民的痛苦。

最不依賴農業的國家
第三級產業發達國

❀ 圖 106　澳門鈔票正面

　　經濟上最不依賴農業的澳門特別行政區政府（圖 106），旅遊娛樂業是澳門的經濟支柱，2013 年入境旅客達 3,000 萬人次，較 2012 年微增 0.3%，其中來自中國大陸的旅客多達 1,690 萬人次，而來自香港的旅客為 708.1 萬人次。發達的博弈產業更是大家耳熟能詳的，其收入已是美國拉斯維加斯博弈產業收入的 5.5 倍，更是澳洲的 6.9 倍。穩居世界博弈產業王國的第一大賭城地位。

　　至今，90% 的財政收入來自博弈產業的稅收，其旅遊娛樂業結合博弈、娛樂、度假、觀光、購物、美食、文化體驗於一身，往休閒旅遊方向發展，徹底改變了澳門原先賭場的概念，由「賭

城」明顯轉變為「娛樂城」。同時，在 2012 年，澳門的人均國內生產總值（GDP）達到名列世界第二，亞洲第一，僅次於盧森堡，成為亞洲首富。

2013 年，澳門稅收靠著旅遊娛樂業再度大增，年終時，澳門特別行政區行政長官（簡稱澳門特首）崔世安宣布「年度分紅」，永久居民 2014 年時每人派發 9,000 元澳門幣（約臺幣 3 萬 3,480 元），非永久居民也發 5,400 元，公有住宅住戶繼續全年免租金。澳門政府從 2008 年起每年派錢分紅，這次金額創紀錄。

❧圖 107　香港鈔票正面

香港是世界上經濟上最不依賴農業的地區之一，排名全球第三。經濟上，是高度依賴金融和國際貿易的自由市場經濟系統。香港連續第十七年被評為全球最自由經濟體系，在全球經濟自由度指數中排名第一。

鈔票中的建築物是中國銀行大廈（Bank of China Tower，圖107），由享譽國際的美籍華裔建築師貝聿銘設計，大廈的設計靈感源自竹子，貝聿銘以簡單的幾何線條，在維多利亞港擘劃出一根拔地而起的「竹子」，寓意「節節高升」，象徵著力量、生機、茁壯，外面用玻璃幕覆蓋，其獨特外型設計成為香港最矚目地標之一，在 1989 年建成時是香港最高的建築物，樓高 367.4 公尺（臺北 101 大樓樓高 509.2 公尺）。

❧ 圖 108　盧森堡鈔票背面

　　小而富的盧森堡，國土面積 2,586.3 平方公里，相當於臺灣大臺北地區（臺北市、新北市、基隆市），人口卻只有 44 萬人。全球每人平均國內生產總值（GDP）排名，盧森堡以 105,720 美元名列世界第一（臺灣約為 20,364 美元）。

　　盧森堡的經濟過去以鋼鐵工業為主（如鈔票圖面所示，圖 108）。在 1970 時期，盧森堡鋼產量為世界之首，有鋼鐵巨人之美稱，後來盧森堡政府緊跟時代的步伐，轉型成功，成為歐元區最大金融中心之一，是歐元區內最重要的私人銀行中心，境內金融業包括來自 26 國的 141 家銀行，以及在世界 70 多國銷售的 3,840 種投資基金，管理的淨資產達 1.65 兆歐元（59.4 兆臺幣），在歐洲名列榜首，在全球僅次於美國。例如，在臺灣，許多境外基金中的基本資料中，即可看到大多數註冊地都是在盧森堡。

◯◎ 圖109　馬爾地夫鈔票背面

　　「上帝抖落在印度洋上的一串珍珠」，是人們對於海島度假天堂馬爾地夫的讚美，馬爾地夫位於斯里蘭卡及印度西南方外的印度洋水域，由一系列的珊瑚礁組成，幾乎完全不須依賴農業，而是以旅遊業為主、捕魚業（圖109）為輔，收入占國民生產總值約七成，猶如天堂般的美景，吸引歐美遊客前來度假，更是世界蜜月勝地之一，不少大牌明星、政商名流也會選擇到這裡結婚或是度蜜月，2014年旅客人次預估約七十二萬人。

　　然而，全球暖化，冰原、冰雪融化，平均一世紀海水上升一公尺，而海拔只有兩公尺的馬爾地夫，有被「滅國」的國安危機，世人擔心，在未來的一百年內，馬爾地夫真的會在地平面上消失。

經濟上最不依賴農業的國家，占 GDP（國內生產毛額）比例		
1	澳門	0.0
1	新加坡	0.0
3	香港	0.1
3	盧森堡	0.3
5	千里達	0.6
6	比利時	0.7
7	汶萊	0.7
8	波多黎各	0.7
9	英國	0.7
10	百慕達	0.8

鈔越新視界

◈　前面看到的澳門鈔票是 2008 年版的 20 元鈔券（圖 106），以「大三巴牌坊」為主要圖案，大三巴牌坊，其正式名稱為聖保祿教堂遺址。原先教堂創建於 1580 年，曾先後兩次失火焚毀。教堂第三次修建由義大利籍神父設計，於 1602 年奠基，歷時 33 年，在 1635 年建成，是當時遠東最大的天主教石建教堂，1835 年，教堂再度失火，最後僅剩下教堂的前壁，由於前壁形似中國傳統牌坊，於是被稱作大三巴牌坊。大三巴牌坊是澳門的標誌性建築物之一，同時也為「澳門八景」之一。2005 年，「大三巴牌坊」與澳門歷史城區的其他文物成為聯合國世界文化遺產。另外，澳門與香港雖然已經回歸，但目前仍是延續使用正體字（繁體字）。

汽車 產業火車頭

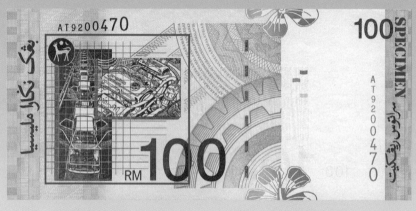

❸ 圖 110　馬來西亞鈔票背面

　　汽車行業的興起是工業化國家的指標，不僅縮短人與城鎮的距離，也提升生活水準，它更帶動經濟發展之動能，一輛汽車上有三萬個以上的零件，是技術密集，附加價值高的產業，它可帶動機械、電子、鋼鐵、精密加工、模具、金屬、塑膠、橡膠、玻璃等相關行業，也影響公路發展、旅遊風尚、保險、加油、保養……等等，所以稱「火車頭產業」。但也導致交通擁擠、空氣汙染及車禍之後果。

　　馬來西亞 100 元背面，「寶騰」汽車在裝配中（圖 110），在各主要汽車生產國都控制在少數幾家大企業手中，為了減少運輸費用，常在國外設立分廠、就地生產、擴大市場。

ᘓ 圖 111　坦尚尼亞鈔票背面

　　汽車工廠常有無數零件廠配合生產，稱為「中心衛星體系」，坦尚尼亞 20 元背面即為汽車零件——輪胎之生產（圖 111）。

ᘓ 圖 112　中國鈔票正面（1953）

　　這張長 9 公分，寬 4.25 公分的茶色一分錢人民幣（現在已經不流通在市面上，圖 112），是在公路上行駛的載滿貨物的「解放牌」卡車，結構粗勇，使用壽命長，該型號是中國第一輛自製卡車。

　　1950 年，中國共產黨黨主席毛澤東訪問蘇聯期間（1991 年蘇聯解體），中蘇雙方協定，由蘇聯援助中國建設第一個卡車工廠。1956 年 7 月 13 日，在中國吉林省長春市「第一汽車製造廠」嶄新的汽車生產線上，毛澤東親自命名為「解放牌」的第一輛汽

車製造成功。

汽車產銷排行表

排序	國家	汽車生產數量（千臺計）	排序	國家	數量汽車銷售（千臺計）
1.	中國	14,485	1.	中國	14,356
2.	日本	7,159	2.	美國	6,125
3.	德國	5,872	3.	日本	3,525
4.	南韓	4,222	4.	德國	3,174
5.	印度	3,054	5.	俄羅斯	2,653
6.	美國	2,966	6.	巴西	2,647
7.	巴西	2,773	7.	法國	2,204
8.	德國	1,931	8.	印度	1,946
9.	西班牙	1,820	9.	英國	1,941
10.	俄羅斯	1,657	10.	義大利	1,748

鈔越新視界

◆ 由汽車產銷相較，韓、日、德是汽車外銷大國，美國進口各國汽車最多。

◆ 汽車是由三萬種以上之零件組成，如會涉及人命安全稱之「保安部品」，品項都要求 PPM（百萬分之幾不良）。大略區分如下：

1. 車身外覆件，如安全玻璃、密封條、車身。

2. 發動機部件，如鑄件、進氣岐管、過濾器、散熱器、散熱器軟管、空氣濾清器、火星塞、活塞、活塞墊等。

3. 驅動系、傳動系、轉向系統的零部件，如傳動軸、離合器、車輪、車輪螺母和齒輪齒調式轉向等。

4. 制動器系統，如螺旋彈簧、U型螺栓、減振器、制動鼓、制動盤等。

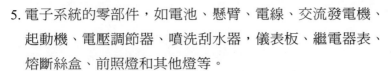
5. 電子系統的零部件，如電池、懸臂、電線、交流發電機、起動機、電壓調節器、噴洗刮水器，儀表板、繼電器表、熔斷絲盒、前照燈和其他燈等。

6. 內飾，如地毯、地板墊子、座椅總成、安全帶等。

7. 一般零部件，如塗漆、稀釋劑、內胎、空調、收音機、螺旋千斤頂、成套工具、油箱、排放系統、鏡子等。

◈ 除了汽車工業外，建築業亦被稱「火車頭產業」，它可帶動上游的砂石、鋼鐵、玻璃、水泥等，及下游的家具、建材、水電、裝潢及房地產發展。長遠計，房地產跌少漲多，增加人民資產價值，刺激消費及經濟景氣，所以當汽車業及建築業興旺代表景氣興旺，投資股票就對了。

◙ 圖 113　坦尚尼亞鈔票背面

　　位於赤道以南的東非落後國家坦尚尼亞，近幾年在世界銀行、國際貨幣基金援助及中國和日本等國投資建設下，開始有計畫性的進行基礎建設，建築業和住宅業正開始邁向不同的新發展。本鈔顯示當地建築工地情況（圖 113）。

觀光業 無煙囪工廠

❤ 圖 114　法國鈔票正面（改制為歐元之前）

　　提到金字塔，埃及一定是您不需思考就可以蹦出來的答案，說到法國，巴黎鐵塔馬上就會浮現在您的腦海中。

　　在尚未改制成歐元之前，本張 200 法郎鈔票背面就是舉世聞名的艾菲爾鐵塔（The Eiffel Tower）底部，也稱為巴黎鐵塔（圖114），位於巴黎市中心塞納河右岸的戰神廣場上，它以鐵塔的設計者「居斯塔夫 · 艾菲爾」（Gustave Eiffel, 1832-1923）的名字命名，本張鈔票正面肖像即為他本人。他曾經也參與過美國紐約自由女神像內部結構設計，設計作品皆屹立不搖、永垂青史。

<3 圖 115　法國鈔票背面（改制為歐元之前）

　　艾菲爾鐵塔的建造，是當時為紀念法國大革命一百周年並迎接 1889 年世界博覽會所建成的，並且以它作為展覽會場的入口，藉由博覽會，參展國向世界各國展示本國的文化、科技和產業成果。

　　艾菲爾鐵塔（圖 115）高度超過 300 公尺，含天線共高 324 公尺，完工之時，是當時世界上第一座超過 300 公尺高的建築物，保有世界最高建築封號達四十年以上（1889~1930），直到 1931 年才被落成的紐約帝國大廈所取代。

　　每天造訪艾菲爾鐵塔的遊客達 3 萬 2,000 人次，巴黎市政府為「製造浪漫」，特別在艾菲爾鐵塔的四個面搭配兩萬枚的節能燈泡，讓鐵塔在夜晚襯托出像似閃爍著像鑽石般的光芒，讓巴黎市民、遊客或是情侶在音樂聲中，享受片刻的幸福或見證愛情。

備註：2010 年，世界博覽會（Expo 2010）在中國上海舉辦，是
　　　第 41 屆世界博覽會。

CS 圖 116　美國鈔票背面

　　這張 20 美元鈔票的背面圖片就是白宮（The White House，圖 116），是一幢白色的新古典風格砂岩建築物，也是美國總統辦公的場所。

　　1791 年，美國第一任總統喬治・華盛頓選定白宮位置，並由美國籍愛爾蘭人詹姆斯・霍本擔任設計師，1792 年起造，1800 年基本完工。當時並不稱做白宮，而是稱為「總統宮」、「總統府」或「行政官邸」，直到 1901 年，美國總統老羅斯福（Theodore Roosevelt），正式把它命名為「白宮」，後來「白宮」一詞常代指為美國政府。白宮也是華盛頓特區中熱門拍照景點之一，但是想要進入內部參觀的民眾通常至少需兩個月前預約。

　　美國每年吸引數千萬旅客造訪，排名全球第三名，其著名觀光景點，名聞天下，其中被稱為「世界十字路口」的紐約，也是全世界最大的都會區之一，是遊客拜訪美國的首選城市，而紐約時代廣場（Times Square）跨年倒數活動，更是全球新聞媒體必定放送的畫面。

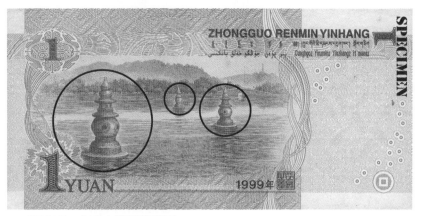

CB 圖117 中國大陸鈔票背面

　　2004年發行的第五套人民幣1元紙幣，背面使用了「三潭印月」的圖案（圖117），說明了杭州西湖在中國的地位。

　　「三潭印月」指的是西湖小瀛洲水域，矗立在湖中的三座石塔。石塔造型為葫蘆形，塔尖為玲瓏剔透的寶頂，塔身為鏤空的石球，球上還鑿出五個圓洞，孔邊飾浮雕花紋，石球下的塔基為一圓形石盤，巧妙穩健地托住石塔，圓盤之下還有一根石柱，使得石塔像似浮在水面上一般。

　　據悉，北宋時期，大詩人蘇軾曾在西湖上立石塔三座，而目前的三塔，為清康熙年間重建，每逢在皎潔的月光照射之下，就會在三塔內點上蠟燭，洞口蒙上薄紙，燭光透過薄紙倒映水面，宛如小月，又名三潭印月。

　　拜訪中國的國際觀光旅客數量排名全世界第四名，僅僅一座杭州西湖風景名勝區，每年就吸引超過1,000萬人次，許多旅客在拜訪三潭印月時，一定都會把口袋中的1元鈔票拿出來合拍，證明到此一遊。

ß 圖 118　印尼鈔票背面

　　近幾年，印尼政府強力扶植旅遊業、大力翻新機場與交通建設、實施落地簽證等多管齊下的規劃，旅遊業已經成為印尼第六大外匯來源，僅次於石油、天然氣、棕櫚油、煤炭和橡膠。印尼旅遊部更定下目標，預計 2016 年旅遊人次可達到 1,200 萬人次。最負盛名的峇厘島，是最獨特的熱帶島嶼、擁有安靜美麗的沙灘、自然風光與豐富多彩的人文景觀，成為世界各地遊客旅遊熱門目的地之一，更是衝浪愛好者的表演場、學生畢業旅行的水上樂園、情侶的祕密花園、新婚夫婦的蜜月勝地、家庭旅遊的度假天堂，2014 年，至峇厘島的外國遊客總數已超過 600 萬人次，來自中國、澳洲和日本的旅客占最大宗。

　　本鈔票 50,000 印尼盾（約 130 元臺幣，圖 118）上的建築物位於峇厘島上，建於 1633 年的水神廟（Pura Ulun Danu Bratan），共十一層，其中部分實際是由印度教徒使用，部分供佛教徒參拜，而祭壇則是所有儀式的中心。目的是祈求神明保佑水源充足，以達到年年豐收的目的，這裡風涼、天藍、水清澈，令人精神爽，該神廟更是峇厘島代表性風景之一。

⊂3 圖 119　中國民國鈔票背面（於 1980 年發行）

　　「有個熱情的地方名字叫臺灣」、「臺灣最美麗的除了風景就是人」、「臺灣的人民最熱情」是世界各地觀光客對於美麗寶島留下最深刻的印象，除了風景，吸引觀光客的還有臺灣特色美食、小吃和伴手禮，例如：牛肉麵、擔仔麵、肉圓、薑母鴨、小籠包、蚵仔煎、蚵仔麵線、珍珠奶茶、炸雞排、鹽酥雞、豆花芋圓、鳳梨酥、太陽餅等等，都是另類的「觀光大使」。

　　依據觀光局公布數據，2014 年入臺人數共計 9,910,204 人，以觀光目的入臺為 7,192,095 人，非主要以觀光目的入臺（例如：業務出差來臺、求學、參展、醫療……等）共 769,665 人，觀光目的來臺占比例達 72.57%，首度突破七成。

　　來臺觀光旅客平均會在臺灣待上 6 天，臺灣最受觀光客歡迎的熱門據點有：夜市、臺北 101、國立故宮博物院、中正紀念堂、總統府（府外照相，如圖 119 中華民國 100 元鈔票背面建築物）、日月潭、國父紀念館、墾丁國家公園、野柳、西門町、九份、阿里山……等等。其中因業務來臺人士，工作行程緊湊，沒有機會能漫遊臺灣飽覽風光，因此，夜市、臺北 101、故宮博物院、日月潭……等地，是他們忙裡偷閒必去的景點之一。

國際觀光旅客數量（千人）		
1	法國	83,018
2	美國	66,969
3	中國	57,725
4	西班牙	27,701
5	義大利	43,360
6	土耳其	35,698
7	德國	30,408
8	英國	29,282
9	俄羅斯	25,736
34	印尼	8,044
37	臺灣	7,192

鈔越新視界

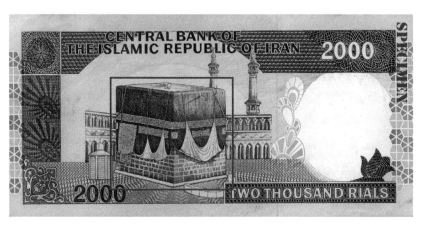

❸ 圖 120　伊朗鈔票背面

　　好久以前，旅遊觀光業尚未興起之前，「朝聖」是人們離開家鄉出外遊歷的主要方式之一。所以，朝聖算是一種「宗教上的觀光」，例如本張鈔票的建築物「卡巴天房」（The Kaaba，圖120），它位於沙烏地阿拉伯的麥加（Mecca），是穆斯林（伊斯

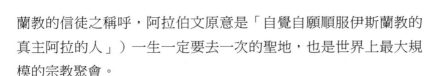

蘭教的信徒之稱呼，阿拉伯文原意是「自覺自願順服伊斯蘭教的真主阿拉的人」）一生一定要去一次的聖地，也是世界上最大規模的宗教聚會。

每年，共來自 188 國的 200 多萬名的穆斯林朝聖者，從自己的家鄉奔赴聖地麥加，其中儀式之一，包含至大清真寺中圍繞著「卡巴天房」行走七圈，「卡巴天房」是一座立方體的花崗石建築（如本鈔票圖中所示），四角對向東南西北，外覆黑色絲綢布，布上繡金質古蘭經經文，綢布每年更換一次。

另外，朝覲（Hajj）（覲，音同錦），在此指的是伊斯蘭教徒到麥加的朝聖，是伊斯蘭教的五大修功最後一項，先知穆罕默德曾經說過：「那些未行可憎之事完成赴麥加朝聖者，將能如新生兒般免除所有的罪。」因此，對於穆斯林的意義，赴麥加朝聖是神聖並可畏之旅，他們相信如果沒有完成這趟旅程，就很難有機會進入天堂。

依據朝覲規範，每一個經濟良好的穆斯林，並在有能力照顧好家庭之餘，身心狀況良好，就一生中至少必須朝覲一次。朝覲是穆斯林心目中社會團結、紀律嚴明和行為統一及順服真主阿拉的一種表現。這意味著外在行為的旅程及內部心靈的旅程。

最後，您是否能體會想像一下，古時候交通不便，來自世界各地朝聖者，以坐船、徒步或是騎馬、騎駱駝的方式，必定耗時多年，文獻中記載，曾有遠從南非出發的朝聖者，花費十多年才能抵達聖地。所有人在朝聖途中一定是辛苦萬分，常有信徒於途中發生意外，失去寶貴生命，現今，拜科技所賜，可以選擇搭火車、巴士、飛機等方式，安全又省時的方式抵達。

該宗教朝聖之旅也是維持著伊朗和沙烏地阿拉伯觀光業的最主要動力之一。

軍備 有備無患

❽ 圖 121　莫三比克鈔票背面

❽ 圖 122　莫三比克鈔票正面

　　東非的莫三比克被葡萄牙統治了漫長五世紀，人民覺醒要求獨立，爆發了為期十五年的叢林游擊戰、武裝鬥爭，1975 年 6月莫三比克才脫離葡萄牙獨立（見莫三比克 50 元鈔票背面，圖121），1975 年又爆發內戰，直到 1992 年才結束（見莫三比克50 元鈔票正面，圖 122）。

⊂Ȣ 圖 123　新加坡鈔票背面

　　新加坡一元鈔背面（圖 123）是閱兵大典，眾多周知，新加坡彈丸之地，很難作軍事訓練（包含飛機飛行、裝甲車、實彈砲擊……），所以委託臺灣及以色列訓練並簽約借用基地，二國均強鄰四伏，與新加坡為印尼及馬來西亞包圍相似，萬一國家被攻擊，甚至占領，可以由外國受訓駐軍反攻復國。

　　一個國家長期用兵作戰，致軍事開支占 GDP 很高比例，如國防預算高，代表一個國家在軍事花費越高，則其他關鍵問題如基礎建設、教育的花費相形減少，又不斷增高國防預算會引起鄰近國家之警惕（如臺灣與中國、南北韓、以色列與阿拉伯國家、印度與巴基斯坦、蘇丹與南蘇丹……）。

國防支出總額（億美元計）			每人平均國防費用（美元計）		
1.	美國	6,457	1.	以色列	2,551
2.	中國	1,024	2.	阿曼	2,178
3.	英國	641	3.	美國	2,057
4.	俄羅斯	599	4.	沙烏地阿拉伯	1,979
5.	日本	594	5.	新加坡	1,808
6.	沙烏地阿拉伯	525	6.	科威特	1,744
7.	法國	481	7.	挪威	1,455
8.	德國	404	8.	澳大利亞	1,140
9.	印度	385	9.	英國	1,066
10.	巴西	353	10.	汶萊	990
11.	南韓	290	11.	丹麥	789
12.	澳大利亞	251	12.	法國	733

ß 圖 124　北韓鈔票正面

　　一個國家常擁有武裝力量稱之軍隊，包含陸、海、空軍（見北韓 10 元正面，圖 124），軍隊可利用徵兵或募兵，利用現代化武器來防守國土，或攻擊他國，或宣示國威。

❤ 圖 125　印尼鈔票正面

❤ 圖 126　印尼鈔票正面

　　世界很多國家採行徵兵制，而義務役役期最久的是北韓，長達10年，印尼早期鈔票50元（圖125）及10元正面（圖126）分別有男、女軍人在其上。它也是擁有較多軍人的國家之一。

軍隊有正規軍，還有後備軍人，依人數排行如下（萬人）：

排序	國名	正規軍	後備軍人	排序	國名	正規軍	後備軍人
1.	中國	230	510	13.	埃及	43.9	47
2.	美國	1520	810	14.	緬甸	40.6	0
3.	印度	132.5	115.5	15.	印尼	39.6	40
4.	北韓	119	600	16.	泰國	36.1	20
5.	俄羅斯	84.5	200	17.	巴西	31.8	134
6.	南韓	65.5	450	18.	臺灣	29.0	165.7
7.	巴基斯坦	64.2	0	19.	哥倫比亞	28.1	62
8.	伊朗	52.3	35	20.	伊拉克	27.1	0
9.	土耳其	51.1	37.9	21.	墨西哥	27.0	87
10.	越南	48.2	500	22.	日本	24.7	56

鈔越新視界

◆ 1992 年蘇聯解體後，克里米亞半島（雅爾達密約在此召開）成為烏克蘭一部分，在 2014 年 3 月當地居民欲脫烏入俄，俄羅斯準備軍事干預，所謂「克里米亞危機」，二軍對峙，勝負分明。

◆ 世界上大約有 20 個國家沒有軍隊，大部分都是國土太小，由鄰近大國或美國軍事保護，如只有 160 平方公里（臺北市的三分之二）的列支敦士登，付費給瑞士負擔國防，因國防外包，降低財政負擔，全力發展經濟，產業升級，比較特殊的是土地不算太小的哥斯達黎加是為一個廢除軍隊的國家。

吉尼（Gini）係數 貧富分界值

∽ 圖 127　美國鈔票背面

　　吉尼係數（Gini coefficient）是義大利經濟學者吉尼判斷收入分配是否公平程度的指標，以 0 到 100 之間表示，最小為「0」表示收入分配絕對公平；最大為「100」，表示收入分配絕對的不公平，實際數值介於 0~100 之間，通常把 40 當作紅線，當超過紅線，會引起社會階層對立，進而國家動盪。所以財政當局會進行二次分配，如公共服務支出及課稅措施，使吉尼係數縮小。

　　一般已開發國家的吉尼係數多在 24 到 36 之間，但世界首強的美國卻在 45，所以美國財政部（圖 127）應發揮吉尼係數之調和功能。

ß 圖 128　香港鈔票背面

香港（圖 128）吉尼係數高達 53.7，是典型的 M 型社會。

ß 圖 129　巴哈馬鈔票背面

　　反觀世界最快樂的國家——巴哈馬（圖 129），主要原因就
是吉尼係數低。所謂「不患寡而患不均」，吉尼係數高的國家在
中南美洲及非洲最常見。

各國吉尼係數高低排行

	最高			最低	
1.	塞席爾	65.8	1.	瑞典	25.0
2.	納米比亞	63.9	2.	挪威	25.8
3.	南非	63.1	3.	斯洛伐克	26.0
4.	海地	59.2	4.	烏克蘭	26.4
5.	安哥拉	58.6	5.	芬蘭	26.9
6.	宏都拉斯	57.0	6.	白俄羅斯	27.2
7.	玻利維亞	56.3	7.	阿富汗	27.8
8.	哥倫比亞	55.9	8.	塞爾維亞	27.8
9.	香港	53.7	9.	保加利亞	28.2
10.	美國	45	10.	德國	28.3

鈔越新視界

◈ 聯合國在吉尼係數有下列規定：低於 20 表示收入平均；
20-30 表示相對平均；30-40 表示相對合理；40-50 表示收入
差距拉大；50-60 表示收入差距加大；60 以上表示收入差距
懸殊（阿富汗是均貧）。

◈ 臺灣分布的吉尼係數為 34，中國大陸為 43.4（但大陸西南財
經大學統計為 61，表示收入差距懸殊），均有努力改善之空
間，如不善加降低，將成 M 型社會，即原由中產階級為社會
主流，轉變為富裕與貧窮兩個極端，並造成世襲貧窮，永無
翻身之日，一塊土地，兩個世界。當貧窮擴及高學歷的年輕
人，變成不婚或不育狀況，進而打擊內需市場，演變成惡性
循環。

◈ 進入 M 型社會，上班族的新名字——窮人，新富人的可能
性——創業，創業者難過的關卡——通路；富人與窮人大不
同——創意、創新、創業。

音樂 天籟之音

　　音樂是由任何聲音組成的藝術，透過創作、演奏、聆聽——作曲家先用樂譜描述，用樂器演奏或聲樂演唱，聽眾前往聆聽，如世俗的酒吧或高雅的音樂廳，現代的人可用 mp3、CD、手機或平板電腦在家中或任何地方聆聽音樂。

◎ 圖 130　瑞典鈔票正面

　　瑞典 50 元正面（圖 130）是女高音歌唱家珍妮・林德（Jenny Lind, 1820~1887），被稱為「瑞典夜鶯」，是享譽國際的偉大歌唱家。

◁ 圖 131　波蘭鈔票正面

　　「鋼琴詩人」蕭邦（Frederic Chopin, 1810~1849，圖 131）。父親是法國人，後移居波蘭，母親是波蘭人。蕭邦是個音樂天才，從小就展露出驚人的音樂天賦，6 歲學習鋼琴、7 歲能作曲、8 歲登臺演奏，未滿 20 歲已享負盛名。

　　蕭邦後半生主要生活在法國，並創作了大量鋼琴作品。蕭邦一直把波蘭視為自己的祖國，波蘭人也把蕭邦當作他們的民族偉人來崇拜。在十九世紀，波蘭的一份報章刊登了一句話：「上帝把莫札特賜給了德國人，卻把蕭邦賜給了波蘭人。」證明蕭邦在波蘭人民心中地位。蕭邦英才早逝，因病享年 39 歲，卻是歷史上最具影響力、最受歡迎、最具知名度的鋼琴作曲家之一，更是波蘭音樂史上最重要的人物之一。

CS 圖 132　波蘭鈔票背面

　　波蘭 5,000 元背面（圖 132）是蕭邦作品中的「波蘭舞曲」（局部），是華麗又雄壯的鋼琴獨奏曲，喚起人們對祖國的熱愛。

CS 圖 133　瓜地馬拉鈔票背面

　　瓜地馬拉 200 元背面（圖 133），左側是音樂家 Aleantara 譜寫的「咖啡之花」及演奏過的木琴。

α 圖 134　吉爾吉斯鈔票背面

　　吉爾吉斯 1 元鈔票背面（圖 134）是該國民族樂器——考姆茲（Komuz），弦樂器，似琵琶，但較細長。背景是吉爾吉斯交響音樂廳。

α 圖 135　羅馬尼亞鈔票正面（塑膠鈔票）

　　鈔票正面是羅馬尼亞作曲家、指揮家、小提琴家、鋼琴家喬治‧埃內斯庫（George Enescu, 1881~1955，圖 135）。

ᘗ 圖 136　羅馬尼亞鈔票背面（塑膠鈔票）

　　背面是雅典娜（Athenaeum，圖 136）音樂廳，其上之樂譜是作曲家、小提琴家喬治 ・ 埃內斯庫之名曲。

　　現在我們來了解各國音樂總產值及每人對音樂之支出：

音樂總產值排行（百萬美元計）			每年個人對音樂支出（美元計）		
1.	美國	4,482	1.	日本	34.7
2.	日本	4,422	2.	挪威	23.7
3.	英國	1,326	3.	澳大利亞	23.1
4.	德國	1,298	4.	英國	21.0
5.	法國	908	5.	瑞典	18.6
6.	澳大利亞	507	6.	瑞士	16.3
7.	加拿大	454	7.	丹麥	16.0
8.	巴西	257	8.	德國	16.0
9.	義大利	218	9.	美國	14.3
10.	荷蘭	216	10.	法國	13.8

 **越新視界**

◆ 音樂產值有錄音著作、著作權利及現場演出，臺灣在全球音樂市場排名 30，亞洲排名第 5。

◆ 臺灣音樂市場的 SWOT 分析

　優勢（S）： 1. 華語樂壇發展指標

　　　　　　 2. 能吸引華人歌手來臺發展

　　　　　　 3. 文化多元，社會民主

　　　　　　 4. 音樂節興起，各類表演團體蓬勃發展

　劣勢（W）： 1. 盜版及非法下載

　　　　　　 2. 唱片界缺乏遠景，同質化高

　　　　　　 3. 市場規模小，投資趨保守

　機會（O）： 1. 數位音樂潛在商機

　　　　　　 2. 演唱會、廣告代言、劇情演出增多

　　　　　　 3. 音樂與歌手結合，可形成跨國產業

　　　　　　 4. 兩岸關係緩和，有利互動

　威脅（T）： 1. 中國大陸市場崛起，西瓜效應

　　　　　　 2. 臺灣歌手部分跳過本地，直接進入中國大陸

　　　　　　 3. 新加坡大力培訓華語歌手

如何優勢確保、劣勢改善、機會把握、威脅解除，須找出發展策略及重點計畫。

◆ 認識世界十大音樂家

　1. 巴赫（Bach）　　　　　　 2. 貝多芬（Beethoven）

　3. 莫札特（Mozart）　　　　 4. 華格納（Wagner）

　5. 布拉姆斯（Brahms）　　　 6. 舒曼（Schmann）

　7. 蕭邦（Chopin）　　　　　 8. 柴可夫斯基（Tchaikovsky）

　9. 舒伯特（Schubert）　　　 10. 海頓（Haydn）

電腦與網路　競爭力 e 分高下

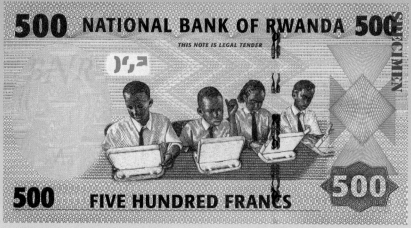

ɞ圖 137　盧安達鈔票正面

　　一般電腦分兩大機型及兩大系統，常見桌上型電腦及筆記型電腦，系統上分別是國際商用機器公司（IBM）整合型定的 IBM PC/AT 系統及蘋果電腦所開發的麥金塔系統。過去的網際網路最為人所詬病，就是傳輸速度慢，當寬頻網路系統出現，所有資料（文字、圖片、影片）在網路大量傳遞，內容更多元化。電腦與寬頻網路常是一個國家競爭力指標，所以在先進國家大量使用，落後國家只有望洋興歎，漸行漸遠。

　　在世界後段班國家為趕上這班資訊時代列車，發展 OLPC XO-1 系列電腦（就是盧安達鈔票上的電腦，圖 137），常被稱「百

元電腦」（100 美元約 3,000 元臺幣）或「兒童的機器」，是一部追求物美價廉的低價筆記型電腦，由美國麻省理工學院媒體實驗室成員組成的非營利組織，目標是幫助發展中國家的孩童，以公益的角度，追求低價、省能、操作簡易，用低價電腦解決數位落差的社會問題，真是用心良苦，給予最誠摯掌聲。

電腦普及化國家排名（每 100 人擁有電腦數量）

排名	國家	數量	排名	國家	數量
1.	加拿大	129.1	21.	紐西蘭	64.5
2.	荷蘭	120.7	22.	日本	64.2
3.	瑞士	103.4	23.	南韓	63.6
4.	英國	100.4	24.	巴林	59.8
5.	瑞典	98.9	25.	義大利	59.3
6.	美國	96.7	26.	西班牙	56.0
7.	臺灣	93.6	27.	斯洛維尼亞	55.7
8.	德國	86.3	28.	比利時	52.3
9.	丹麥	85.7	29.	澳門	48.2
10.	澳洲	84.6	30.	捷克	47.4
11.	法國	84.6	31.	拉脫維亞	47.3
12.	新加坡	83.1	32.	馬其頓	47.3
13.	奧地利	81.7	33.	馬爾他	45.3
14.	挪威	77.9	34.	塞普勒斯	43.1
15.	香港	77.3	35.	新喀里多尼亞	39.5
16.	冰島	76.0	36.	以色列	37.4
17.	盧森堡	75.5	37.	哥斯大黎加	35.7
18.	斯洛伐克	73.5	38.	馬來西亞	34.9
19.	愛爾蘭	70.3	39.	科威特	33.5
20.	芬蘭	65.7	40.	馬爾地夫	32.7

排名	國家	數量	排名	國家	數量
寬頻普及化國家排名（每 100 人申請寬頻人數）					
1.	列支敦斯登	71.6	21.	芬蘭	29.5
2.	百慕達	61.8	22.	日本	27.6
3.	摩納哥	44.3	23.	美國	27.4
4.	瑞士	40.0	24.	紐西蘭	25.8
5.	荷蘭	38.7	25.	新加坡	25.6
6.	丹麥	37.6	26.	奧地利	25.4
7.	南韓	36.9	27.	以色列	24.9
8.	法國	36.0	28.	愛沙尼亞	24.8
9.	挪威	35.4	29.	澳門	24.7
10.	冰島	33.9	30.	澳洲	24.3
11.	開曼群島	33.2	31.	斯洛維尼亞	24.3
12.	德國	33.1	32.	西班牙	23.8
13.	比利時	33.0	33.	臺灣	23.7
14.	盧森堡	32.9	34.	匈牙利	22.2
15.	英國	32.7	35.	巴貝多	22.1
16.	加拿大	31.8	36.	義大利	22.1
17.	瑞典	31.8	37.	立陶宛	22.1
18.	香港	31.6	38.	冰島	22.0
19.	馬爾他	31.0	39.	白俄羅斯	21.9
20.	安道爾	29.9	40.	希臘	21.6

鈔越新視界

◆ 所謂「給人一條魚只能吃一餐，而教人釣魚的方法，可以吃一生」。對落後國家援助，只解決一時，甚至很多金援進入私人口袋。若大量推廣廉價實用的電腦，提升全民水準，自然有謀生本能。以前國際上是「東西」問題——西方美國陣

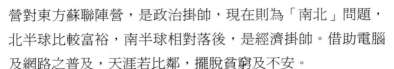

營對東方蘇聯陣營，是政治掛帥，現在則為「南北」問題，北半球比較富裕，南半球相對落後，是經濟掛帥。借助電腦及網路之普及，天涯若比鄰，擺脫貧窮及不安。

◈ 上述之電腦及寬頻之普及，臺灣均在榜上，很多臺灣企業宣稱已電腦化，事實上只是用電腦做會計、庫存。電腦化除了要把資料整合在一起做 MIS（資料整合），再從中開發更多的應用技巧，現在國家競爭力的決戰點在於網際網路，而寬頻適逢此時。

研發（R&D） 未來競爭力

◆ 圖 138　法國鈔票正面

◆ 圖 139　法國鈔票背面

　　1995 年版的 500 法郎（圖 138，現已改用歐元鈔票）正面是法國居禮先生（Pierre Curie）及居禮夫人（Marie Curie），鈔票背面（圖 139）是居禮夫婦研究用的實驗器具，其重大貢獻為發現兩個具放射性的元素釙（84 Po）及鐳（88 Ra），在醫學上大放光彩。

　　1898 年 7 月，居禮夫婦發表一篇聯合署名的研究論文，為紀念當時因戰爭被瓜分的祖國波蘭（Poland），宣布以「釙」，採波

蘭英文字 Poland 前面的 Po 字母，命名所發現的元素為「釙」（Po），同年 12 月 26 日，居禮夫婦將他們發現的第二個元素命名為「鐳」（radium），拉丁文意為「射線」。他們在研究過程中還創造出單詞「放射性」（radioactivity），1903 年居禮夫婦和亨利・貝克勒共同獲得諾貝爾物理學獎

❦圖 140　巴西鈔票正面

　10,000 巴西幣的背面（圖 140）顯示國家重視研發（R&D：Research and Development），大力推展。

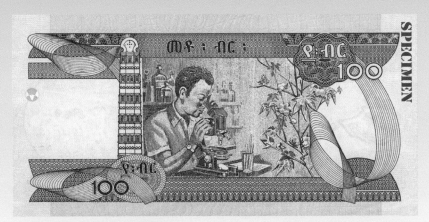

❦圖 141　衣索比亞鈔票正面

　連較為落後的非洲衣索比亞，在其 100 元鈔票背面（圖141），可看出亦投入研發，謀求經濟進步。

❀ 圖 142　義大利鈔票背面

　　2,000 里拉背面（圖 142）是義大利物理學家馬可尼（Guglielmo Marconi）研發了無線電的技術，馬可尼發明的無線電技術，被利用在無線電發射塔、無線電收發機、以及透過無線電和發射塔取得聯繫的遠洋貨船，能進行遠距離及快速的通訊，無線電報成了全球性的事業、無遠弗屆，天涯若比鄰。

　　研究（Research）是為了獲得新的產品、技術、方法，而從事有計畫、有創造性的調查、分析和實驗活動，是一種可行性的探索階級。發展（Development）是商品、技術、方法在產生前或使用前，將研究成果轉換為一種新形式的系列活動，即將研究成果應用實踐上。

　　現在國家或企業，甚至研究機構、大學研究所投入相當的人力、物力、財力在研發（R&D）活動，它是國家競爭力之指標。若研發成功，設計出新產品（技術）則創造豐厚之利潤及資產；若研發失敗就成為一項沈入成本（Sunk Cost），一般優秀的企業 R&D 常占營業額最少 3% 以上，以下為世界重要國家投入 R&D 的總金額及占 GDP 之比例：

研發支出總經費（百萬美元計）

排名	國家	經費支出費用	排名	國家	經費支出費用
1.	美國	415.2	10.	義大利	27.5
2.	日本	178.8	11.	巴西	24.9
3.	中國	134.4	12.	俄羅斯	20.8
4.	德國	102.4	13.	西班牙	19.7
5.	法國	62.4	14.	瑞典	18.2
6.	英國	43.1	15.	印度	17.1
7.	南韓	37.9	16.	荷蘭	17.1
8.	加拿大	30.3	17.	瑞士	15.0
9.	澳大利亞	28.4	18.	臺灣	14.0

研發支出占 GDP 比率（%）

排名	國家	經費支出費用	排名	國家	經費支出費用
1.	以色列	4.38	10.	奧地利	2.75
2.	芬蘭	3.78	11.	美國	2.75
3.	南韓	3.74	12.	冰島	2.70
4.	瑞典	3.37	13.	斯洛維尼亞	2.47
5.	日本	3.25	14.	愛沙尼亞	2.38
6.	丹麥	3.09	15.	委內瑞拉	2.37
7.	臺灣	3.02	16.	澳大利亞	2.27
8.	瑞士	2.99	17.	法國	2.25
9.	德國	2.84	18.	新加坡	2.23

鈔越新視界

◈ 研發為國家或企業發展及核心能力提供不竭的動力,是一國未來產業的先行指標。臺灣研發經費占 GDP 比重,自 2001年突破 2%,而後逐年增加,現已超過 3%,臺灣雖投入大量研發費用,但仍遜於南韓,韓國 R&D 加速在科技、造船、鋼鐵、汽車,臺灣則著重在電腦、電子、光學產品。

◈ 研發有了成果,必須進入「專利」,它可以阻止競爭對手的進入,或者透過技術轉移契約獲得技術轉讓費,同時更容易籌集資金,產生良性循環。

糖尿病　甜蜜陷阱

ᏣᏋ 圖 143　阿拉伯聯合大公國的甜棗樹

ᏣᏋ 圖 144　沙烏地阿拉伯的椰子樹

ᑫ 圖 145　伊拉克的椰子樹

　　很多中東國家因天候與沙漠影響，致樹林草地難以生長，但常見棗樹和椰子樹（圖 143、144、145），且把它們放在鈔票上，偶然的發現，巧妙的與糖尿病聯想……。

各國糖尿病患者占比		
20 歲到 79 歲之間患病之比例		
1	沙烏地阿拉伯	23.9
2	科威特	23.1
3	卡達	22.9
4	法屬玻里尼西亞	22.4
5	巴林	21.8
6	關島	19.5
7	新喀里多尼亞	19.5
8	阿拉伯聯合大公國	19.0
9	埃及	16.8
10	留尼旺	15.4

鈔越新視界

◆ 大家都知道中東地區盛產石油，就是缺淡水，所以常喝椰子汁來解渴，又因沙漠地區，無法種植蔬菜、水果，所以在飲食上缺乏維他命 C，當地居民就吃在地盛產的甜棗，補充維他命 C 的不足。然而椰子水喝多了，反而會使血糖升高，甜棗不用談，甜度甚高，是故「糖尿病」就成中東地區的國病，治療糖尿病最有效的醫療，眾所皆知，注射胰島素，無奈它來自豬仔，穆斯林是禁止碰及的，改用其他動物提煉（如卡達五元上的中東的駱駝、羊，圖 146）功效大打折扣。在中東旅行，常見小便池內，螞蟻一堆，產生惡性循環。我們查看糖尿病患者，在 20~79 歲的人，得病率名列前茅者絕大部分都是中東國家。以第一名的科威特為例，國民所得富甲一方，然而糖尿病纏身，每四個人就有一人！

⑥ 圖 146　卡達 5 元鈔票

◆ 飲食習慣與健康、疾病有很大相關性：日本人喜歡吃海帶、納豆、綠藻，所以都很長壽；韓國人獨鍾泡菜，然而得到胃病者多，印度人好吃咖哩，得阿茲海默症較西方國家顯著減少，義大利人在很多料理加入番茄醬，男生的攝護腺腫大比例較低，國人偏好檳榔，得口腔癌者居世界之首……。

非洲病　黑色大地的恐懼

非洲（圖 147）的生活水準，知識程度較為落後，氣候受緯度影響，在赤道經過的東非與西非，濕熱多雨，經濟作物以熱帶栽培業為主，北非和南部非洲受副熱帶高壓籠罩，氣候乾燥，產生撒哈拉大沙漠，再加上南北之非洲大裂谷存在，可耕地減少，人民糧食缺乏，出現長年吃不飽現象。

❸ 圖 147　賽席爾（位在非洲馬達加斯加島的北方）鈔票正面

◯ 圖148 莫三比克鈔票背面

　　非洲地區擁有豐富礦產（圖148），如北非的石油，中非的鈾、鈷、銅，南非的黃金、鑽石，但一直在地下工作，不見天日，身體受到嚴重折損。

◯ 圖149 坦尚尼亞鈔票背面

　　非洲濕熱地表更容易孳生蚊蠅，上段所述之原因造成人民免疫力低落，易受傳染病感染，非洲醫療衛生相對落後，500元之坦尚尼亞鈔票背面（圖149）是達累斯薩拉珊大學（University of Dar es Salaam）的醫學院，鈔票之右側係代表「醫神」之蛇杖，是非洲極少數具規模之醫院。

　　在疾病上的瘧疾（Malaria）、肺結核（Tuberculosis, TB）、

麻疹（Measles）、白喉（DPT）、愛滋病（AIDS），幾乎都發生在非洲國家，故常被稱「非洲病」，如有非洲之行，要先打預防針，以策安全。

瘧疾（Malaria）盛行國家 每 100,000 人口死於瘧疾的人數			肺結核（Tuberculosis）盛行國家 每 100,000 人口發生肺結核的人數		
排名	國家	人數	排名	國家	人數
1.	布吉納法索	191	1.	史瓦濟蘭	1,317
2.	獅子山	177	2.	南非	993
3.	查德	172	3.	納米比亞	723
4.	中非	169	4.	獅子山	723
5.	幾內亞	144	5.	賴索托	632
6.	馬利	138	6.	吉布地	620
7.	奈及利亞	131	7.	辛巴威	603
8.	莫三比克	125	8.	莫三比克	548
9.	剛果（金夏沙）	119	9.	東帝汶	498
10.	象牙海岸	116	10.	波札那	455
11.	幾內亞比索	108	11.	加彭	450
12.	貝南	104	12.	尚比亞	444
13.	尼日	100	13.	柬埔寨	424
14.	剛果（布拉薩）	93	14.	中非	400
15.	賴比瑞亞	86	15.	剛果（布拉薩）	387

麻疹疫苗（Measles immunization）接種率最低的國家		
排名	國家	比例 %
1.	查德	28
2.	賴比瑞亞	40
3.	索馬利亞	46
4.	象牙海岸	49
5.	赤道幾內亞	51
6.	加彭	55
7.	馬利	56
8.	衣索比亞	57
9.	幾內亞	58
10.	海地	59
11.	巴布新幾內亞	60
12.	幾內亞比索	61
13.	阿富汗	62
14.	中非	62
15.	東帝汶	62

白喉、破傷風、百日咳混合疫苗（DPT immunization）接種率最低的國家		
排名	國家	比例 %
1.	查德	22
2.	赤道幾內亞	33
3.	索馬利亞	41
4.	加彭	45
5.	南蘇丹	46
6.	奈及利亞	47
7.	賴比瑞亞	49
8.	烏克蘭	50
9.	衣索比亞	51
10.	中非	54
11.	幾內亞	59
12.	海地	59
13.	巴布新幾內亞	61
14.	象牙海岸	62
15.	印尼	63

愛滋病（AIDS）死亡率高的國家 每 100,000 人口死於愛滋病的人數		
排名	國家	人數
1.	賴索托	636.4
2.	史瓦濟蘭	566.7
3.	南非	534.6
4.	辛巴威	453.1
5.	莫三比克	309.6
6.	馬拉威	285.7
7.	尚比亞	229.6
8.	納米比亞	226.1
9.	中非	222.2
10.	波札那	210.0
11.	坦尚尼亞	181.8
12.	烏干達	179.7
13.	喀麥隆	170.0
14.	巴哈馬	166.7
15.	貝里斯	166.7

鈔越新視界

◆ 固然瘧疾、肺結核、麻疹、白喉、愛滋病大多發生在非洲，故稱「非洲病」，2014 年 2 月自幾內亞爆發伊波拉（Ebola）病毒疫情，隨後蔓延至西非的賴比瑞亞、獅子山、尼日、塞內加爾、馬利，超過 5,000 人以上死亡。

◆ 在國際經貿發展上也有被稱為英國病、荷蘭病、日本病、韓國病，將說明如下：

　1.「英國病」：工業革命後，英國執產業之牛耳，在十九世紀稱霸，號稱日不落國，但經第一次及第二次世界大戰，

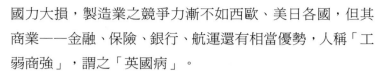

國力大損，製造業之競爭力漸不如西歐、美日各國，但其商業——金融、保險、銀行、航運還有相當優勢，人稱「工弱商強」，謂之「英國病」。

2. 「荷蘭病」：荷蘭也曾在十七世紀主控世界，雄霸一方。直到今日，少數行業，如花卉、電子、電機（如 Philips）還一枝獨秀，其餘漸行漸遠，如此「少強眾弱」，謂之「荷蘭病」。

3. 「日本病」：日本在第二次大戰戰敗，很快從廢墟站起來，號稱「日本 第一 Japan as No.1」，曾幾何時匯率飆漲，工資大升，發生泡沫經濟，只好遠赴海外設廠，足跡天涯，這樣「內乾外盛」，人稱「日本病」。

4. 「韓國病」：韓國非常積極發展大型企業，如現代、三星、LG 等，產業全包，富可敵國，然較忽略中小企業，以致有所脫節，遇上不景氣（如 1997 年亞洲金融風暴）應聲倒地，也就是說「頭重腳輕」，被稱為「韓國病」。在企業上國際舞臺，如何避免這些病根，值得三思！

奧運榮光　挑戰體能極限

CB 圖 150　中國 2008 年北京奧運會紀念鈔正面（鳥巢）

CB 圖 151　中國 2008 年北京奧運會紀念鈔背面

☙ 圖 152　俄羅斯 2014 年索契
（Sochi）冬季奧運會紀念鈔正
面，為滑雪板運動員，他的身後
是巍峨的雪山，底下是索契奧林
匹克體育場、波爾肖冰宮等其他
奧運場館的俯瞰圖。

☙ 圖 153　紀念鈔背面是可容
納 4 萬人的「菲什特」（Fisht）
主體育場及一隻想像的火鳥。

　　2014 年 2 月 7 日至 2 月 23 日在俄羅斯索契舉行冬奧，是俄
羅斯繼 1980 年莫斯科夏季奧運後第二次舉辦奧運會，也是首次
舉辦的冬季奧林匹克運動會。是 2008 年中國發行北京奧運紀念
鈔（圖 150、151）後，世界上第二張奧運紀念鈔，也是冬季奧運
會首張紀念鈔（圖 152、153）。

β 圖 154　2008 年北京奧運會馬拉松金牌得主肯亞 Samuel Wanjiru

β 圖 155　1988 年奧運會男子 100 公尺蝶式游泳金牌蘇利南 Anthony Nesty

　　2008 年奧運會在中國北京（圖 154），2012 年在英國倫敦，2016 在巴西里約，2020 年在日本東京，獎項很多，最有名是水（游泳，圖 155）、陸（田徑）、空（體操），奪牌是個人畢生榮譽，也是國家軟實力的表現。一般奧運會都在夏天舉辦，也有一副品牌——冬季奧運會。2006 年冬季奧運會在義大利都靈，2010 年在加拿大的溫哥華，2014 年在俄羅斯索契，2018 年在南韓平昌，有滑雪、滑冰、雪車、冰球、雪橇等，受時空限制，項目比夏季奧運會少了許多。

ርঙ 圖 156 　飛翔的芬蘭人

　　「飛翔的芬蘭人」——帕沃·魯米（Paavo Nurmi, 1897~1973，圖 156），是芬蘭長跑（10,000 公尺）運動員，在 1920 年至 1928 年間的奧運會中一共奪得 9 面金牌和 3 面銀牌，一生創下 22 項正式世界紀錄。1973 年辭世，芬蘭政府為屢創世界紀錄的國民英雄魯米進行了隆重的國葬，並成為當時芬蘭幣 10 元面額上人物（今日芬蘭已改用歐元）。

2008 年北京奧運會					
獎牌榜排名	國家 / 地區	金牌	銀牌	銅牌	總數
1	中國	51	21	28	100
2	美國	36	38	36	110
3	俄羅斯	23	21	28	72
4	英國	19	13	15	47
5	德國	16	10	15	41
6	澳洲	14	15	17	46
7	南韓	13	10	8	31
8	日本	9	6	10	25
9	義大利	8	10	10	28
10	法國	7	16	17	40

獎牌榜排名	國家 / 地區	金牌	銀牌	銅牌	總數	GDP 排名
				2012 年倫敦奧運會		
1	美國	46	29	29	104	1
2	中國	38	27	22	87	2
3	英國	29	17	19	65	7
4	俄羅斯	24	25	33	82	9
5	韓國	13	8	7	28	15
6	德國	11	19	14	44	4
7	法國	11	11	12	34	5
8	義大利	8	9	11	28	8
9	匈牙利	8	4	5	17	55
10	澳洲	7	16	12	35	13

鈔越新視界

◈ 所有運動的總匯就是奧林匹克運動會（簡稱奧運會），自 1896 年在希臘雅典主辦，每四年舉辦一次，都是世界盛事，前三名頒發金、銀、銅牌，以 2008 年在中國北京的奧運獎牌加以分析：

◈ 如果以金牌數作為優先順序，如金牌數相同，再比銀牌，再比銅牌，以此法排序，中國 51 面金牌居冠，其次是美國的 36 面，如果以金、銀、銅獎牌數總和論，美國共獲得 110 面獎牌，略勝中國的 100 面。如用「加權計分」來計算，如金牌 4 分、銀牌 2 分、銅牌 1 分，依此規則中國累積權分為 274 分，贏過美國的 256 分。當然，中、美兩國人多勢眾，若以獎牌數除以人口數，算成「國民平均獎牌數」，如此一來，牙買加第一，斯洛伐克次之，澳洲就是季軍囉！

◈ 又有學者分析 2008 北京奧運之國家獎牌排名，與世界銀行 2008 年 7 月公布各國的 GDP 排名有「高度相關」，金牌排

名 TOP 10 都列入 GDP 排名前 15 名，擴而大之，有得獎牌（不管金、銀、銅）的 87 個國家，有 78 個列世界銀行 GDP 排名前 100 名；隔了四年，2012 年英國倫敦奧運獎牌榜，與 2012 年世界銀行公布 GDP 排行對比，二者依然有「高度相關」，獎牌排名 TOP 10 一樣均列入 GDP 排行前 15 名，再擴大獎牌排名前 30 名國家，與國家 GDP 排名的相關係數是 0.78，在統計學上是「高度相關」。當然，它不是絕對的，像古巴與北韓的 GDP 是倒數，而獎牌數古巴是排行 17、北韓 30；臺灣 GDP 世界排名 24，但獎牌數是 63 名。管仲的牧民五章曾說「倉廩實而知禮節，衣食足而知榮辱」，有了經濟的「硬實力」，才能打造體育的「軟實力」，加油吧！

諾貝爾獎
最高榮耀的文明桂冠

ᘐ 圖 157　義大利鈔票背面（未改制成歐元前）

　　以色列 5 元鈔票正面（圖 157），這是赫赫有名的愛因斯坦
（Albert Einstein，1879 年 3 月 14 日 ～ 1955 年 4 月 18 日），
1921 年諾貝爾物理獎得主。智商 165，提出質能方程式 $E = mc^2$
最著稱於世，此相對論改變了人類歷史，是二十世紀最偉大的天
才。

◎ 圖 158　義大利鈔票正面（未改制成歐元前）

　　鈔票上是「無線電通訊之父」古列爾莫・馬可尼（Guglielmo Marconi, 1874~1937，圖 158）肖像，他出生於義大利的波隆那（Bologna），是義大利著名的物理學家，1909 年與卡爾・布勞恩（Karl Braun）在發展無線電報上，對人類有卓越貢獻，因此，共同獲得諾貝爾物理學獎。馬可尼於 1937 年 7 月 20 日逝世於羅馬，義大利政府為他舉行國葬。

◎ 圖 159　波蘭居禮夫人獲得諾貝爾化學獎 100 週年紀念鈔正面

　　左側肖像（圖 159）為瑪莉・斯克沃多夫斯卡 - 居禮（Maria Sk odowska-Curie, 1867~1934）或稱「居禮夫人」，她是波蘭裔

法國籍科學家，出生在一個博學的、具有強烈愛國主義精神的波蘭知識份子家庭，接受良好、完整的教育。

背景中的建築物是居禮夫人的母校——巴黎索邦大學（The building of the Sorbonne in Paris），大學圖像上方的圓形發散圖案，是她所發現的「鐳」（Ra）元素。

1903 年，居禮夫人與她的丈夫皮耶 ・ 居禮（Pierre Curie），發現了放射線，而共同獲得諾貝爾物理獎，這是她第一次獲獎。1911 年，她獨力完成研究，分離出針（Po）和鐳（Ra）元素，而獲得諾貝爾化學獎，這是她第二次獲獎。在居禮夫人的指導下，於第一次世界大戰戰火瀰漫的歐洲中，載著「小居禮」（行動式 X 光設備）到處救治傷患，這是人類第一次將放射性同位素用於治療癌症的「居禮療法」，在大戰期間總共救活了超過 100 萬人，為人類帶來莫大的福祉，也推動了放射學在醫學領域裡的運用，因而被譽為「人類的恩人」。但是，居禮夫人終日與放射性物質為伴，使得居禮夫人的健康受到侵蝕。1934 年 7 月 4 日因病過世，享壽 66 歲。居禮夫人的死因被認定為再生障礙性貧血，即骨髓不再產生血細胞，正是由於長期暴露在放射線照射當中所引起的。

居禮夫人，是歷史上第一位獲得諾貝爾獎的女性，也是第一位在兩個不同領域獲得諾貝爾獎的人，2011 年是國際化學年，為紀念居禮夫人獲得諾貝爾化學獎 100 周年，波蘭國家銀行特別發行《居禮夫人獲得諾貝爾化學獎 100 周年》紀念鈔。

cs 圖 160　蘇格蘭鈔票正面

　　亞歷山大・弗萊明爵士（Sir Alexander Fleming, 1881~1955，圖 160），出生在蘇格蘭的洛克菲爾德（Lochfield），家中世代務農，後來成為蘇格蘭細菌學家、青黴素發現者。仔細看，這張 5 英鎊鈔票上的弗萊明有著一雙炯炯有神的眼睛，其襯衫領子上常常繫著蝴蝶領結，右邊是當時弗萊明使用的顯微鏡。

　　弗萊明與研究團隊，英國牛津大學病理學家弗洛里（Howard Walter Florey）、旅居英國的德國生物化學家錢恩（Ernst Boris Chain）從青黴菌中提取出了抗生素盤尼西林（又名青黴素，Penicillin），改變了人類與傳染病之間生死搏鬥的歷史，人類的平均壽命因此得以延長，其研究對人類具有大貢獻，因此，在 1945 年，三人共同獲得諾貝爾獎生理／醫學獎。

　　從古自今，傳染病即是人類的宿敵。科學家們的研究，發現細菌是傳染病的罪魁禍首，於是絞盡腦汁、千方百計研究可以消滅傳染病細菌的新藥，直至青黴素被發現，才得以延長人類的壽命，但是人類濫用抗生素的後果，會造成細菌的抗藥性，而細菌是不分國界與貧富的，當人類面臨病菌變異或是新型傳染病的時候，可能出現無藥可用的危險狀況，似乎又讓我們繞回到了原點，為了避免惡夢成真、自食苦果，人類必須深思，不可濫用現有的藥劑。

❈ 圖 161　以色列鈔票正面

　　諾貝爾文學獎得主薩繆爾・約瑟夫・阿格農（Samuel Yosef
Agnon, 1888~1970，圖 161），以色列作家，作品交融了猶太民
族的歷史和今天，描寫了理想和現實的衝突，以淋漓盡致手法表
現猶太民族性格的作家。

　　1966 年作品《行為之書》獲諾貝爾文學獎之原因：「他的
敘述技巧深刻而獨特，並從猶太民族的生命汲取主題。」（"For
his profoundly characteristic narrative art with motifs from the life of
the Jewish people."）

ൟ 圖162　智利獨立 200 週年流通紀念（塑膠鈔票）

　　此為紀念鈔正面（圖162），印有 1945 年諾貝爾文學獎獲得者——智利女詩人加夫列拉・米斯特拉爾（Gabriela Mistral, 1889~1957）的肖像。本張塑膠鈔票是智利新版紙幣系列中所發行的第一張鈔票，同時也是為了紀念智利獨立 200 週年而發行的。

　　1889 年 4 月 7 日，米斯特拉爾在智利的文庫納（Vicuña）出生，父親是一位業餘詩人。她曾在智利首都聖地牙哥（Santiago de Chile）的智利大學（Universidad de Chile）、美國紐約哥倫比亞大學等著名學府擔任西班牙語文學教授。

　　她的詩集具有鮮明的民族特色，對拉丁美洲抒情詩歌的發展產生了深遠的影響。在 1945 年獲得諾貝爾文學獎，她是拉丁美洲第一位諾貝爾文學獎的得主。1957 年 1 月 10 日在美國紐約長島逝世。

鈔越新視界

cs 圖 163　波蘭居禮夫人獲得諾貝爾化學獎 100 週年紀念鈔背面

　　鈔票右側為諾貝爾獎章（圖 163），及位於波蘭華沙的鐳學院，中間波蘭文為居禮夫人對於「鐳」的演講節選：「我只是發現了鐳而不是創造了它，所以它並不屬於我，而是屬於全人類。瑪麗‧斯克沃多夫斯卡-居禮。」如此謙遜不居功的她，讓愛因斯坦曾說：「在所有著名人物中，居禮夫人是唯一不為榮譽所腐蝕的人。」

◈　諾貝爾獎（The Nobel Prize）是根據瑞典化學家阿爾弗雷德‧諾貝爾（Alfred Nobel）的遺囑所設立的獎項。諾貝爾在 1833 年 10 月 21 日出生於瑞典斯德哥爾摩，1896 年 12 月 10 日逝世於義大利聖雷莫。

◈　諾貝爾一生致力於研究創新或改良炸藥，畢生共取得全球 355 項的發明專利，工廠遍布世界 20 多個國家，重要發明例如「雷管」、「黃色炸藥」、和「無煙炸藥」等炸藥技術，當時正是工業與城市高度發展的時候，他的發明大幅降低交通建設時，必要的岩石爆破和開挖山洞的成本，源源不絕的訂單迅速累積驚人財富。由於諾貝爾終生主張和平主義，因此他對於自己所改良的炸藥被作為破壞及戰爭的用途始終感

到痛心。在即將辭世之際，諾貝爾立下了遺囑：「請將我的財產轉換成基金，每年用這筆基金所孳生的利息作為獎金，獎勵那些在前一年為人類做出卓越貢獻的人。」根據遺囑，自 1901 年起，每年對於物理、化學、生理或醫學、文學、和平五個項目，為人類做出卓越貢獻的人，頒予獎金。1968 年，瑞典中央銀行出資創設了「瑞典中央銀行紀念諾貝爾經濟學獎」，被大家通稱「諾貝爾經濟學獎」。諾貝爾獎之金額每年因為匯率或是孳生的利息而有所浮動，2014 年獎金高達 800 萬克朗（瑞典幣，約 3,372 萬臺幣），得獎者更須符合諾貝爾先生所冀望「為人類帶來最大貢獻」；換句話說，得獎者必是這些領域有非凡成就者的成果，得獎者更會接到蜂擁而至的演講及訪問邀請，常可以名利雙收。但是，1964 年獲選為諾貝爾文學獎的法國作家尚 - 保羅 · 沙特（Jean-Paul Sartre），主動回絕該獎項，成為第一位拒絕獎項的諾貝爾獎得主。

◈ 12 月 10 日是諾貝爾的逝世紀念日，每年的諾貝爾獎頒獎典禮都安排在這一天舉行，依照慣例，主辦單位會從諾貝爾去世的地方——義大利聖雷莫運來鮮花裝飾頒獎儀式臺。

諾貝爾得主 1901-2014

物理獎得主：

◆ 2014 年由日本籍赤崎勇、天野浩和日裔美國籍中村修二獲獎，理由是「在 1990 年代初期利用半導體產生明亮藍光光束，啟動照明技術的根本變革。催生節能與環保的白色光源，被廣泛應用於生活，與太陽能結合運用，更可對抗全球暖化。獲頒諾貝爾物理學獎。」

◆ 2013 年由英國物理學家希格斯（Peter Higgs）和比利時學者恩勒特（Francois Englert）獲獎，2 人參與鑽研證實「上帝粒子」存在，其重要性在解釋質量存在的原因。

物理獎

排名	國家	次數
1	美國	55
2	英國	20
3	德國	19
4	法國	10
5	荷蘭	6
5	俄羅斯	6
5	日本	6

化學獎得主：

◆ 2014 年由貝吉格（Eric Betzig）、莫厄納（William E. Moerner）與赫勒（Stefan W. Hell）博士因「研發超高解析度螢光顯微鏡技術」共同獲頒化學獎。

這些科學家克服了長年來被視為光學顯微鏡解析度的基本障礙，開發螢光顯微技術，使光學顯微技術進入奈米領域。超高解析螢光顯微術，從前光學顯微鏡最多只能看見 200 奈米大小，比人類頭髮細 500 倍的影像，運用奈米螢光影像技術

突破限制讓顯微鏡能觀察到 1 到 2 奈米大小，窺探細胞內部
分子運作，有利疾病及藥物研究。

◆ 2013 年由美國籍卡普拉斯（Martin Karplus）、李維特
（Michael Levitt）和瓦歇爾（Arieh Warshel）3 人共得，得
獎理由是研究出電腦模擬方法，用來了解與預測化學反應過
程。

化學獎		
排名	國家	次數
1	美國	50
2	英國	23
3	德國	16
4	法國	7
5	瑞士	6
6	日本	5
6	瑞典	5

醫學獎得主：

◆ 2014 年，美國與英國雙重國籍的歐基夫（John O'Keefe）、
挪威的布瑞特 ‧ 莫瑟（May Britt Moser）及愛德華 ‧ 莫瑟
（Edvard I. Moser）夫婦，三人因發現大腦定位系統的神經
細胞，共同獲得諾貝爾生理與醫學獎。

1971 年歐基夫研究發現老鼠走到某地方，大腦海馬迴內的某
個神經細胞就會活化，不同位置對應不同神經細胞的活化，
並稱此為「位置細胞」。

34 年後的 2005 年，挪威夫妻檔學者莫瑟夫婦延續歐基夫的
老鼠實驗，發現，大腦內的「網格細胞」將環境分成如經緯
度的許多方格，有助大腦辨識所在位置和起始點的距離，讓
大腦進行定位與導航。

大腦中的海馬迴有一種位置細胞，能像 GPS 幫助人標記所處位置。另一種位在海馬迴出入口內嗅皮質區的網格細胞，則像大腦內部的空間地圖，讓人記下所處的空間，並推斷空間位置和空間記憶。這二種細胞告訴大腦如何定位，有助研究阿茲海默症（阿茲海默症是一種大腦疾病，該疾病會導致記憶、思考和行為問題。阿茲海默症是一種不正常的老化現象、不是精神疾病，其他症狀包括精神錯亂，在熟悉的地方迷路，將東西放錯地方，以及說話和書寫問題，患者的海馬迴與內嗅皮質，通常在發病初期就遭到侵害，他們很容易迷路，無法認清熟悉的環境）。因此三人的研究發現可以進一步探討大腦的定位系統，有助於我們了解這類失智患者的空間記憶是如何喪失。

◈ 2013 年由美國籍羅斯曼（James Rothman）和謝克曼（Randy Schekman）以及德國出生的居多夫（Thomas Suedhof），以細胞如何組織其傳輸系統的開創性研究獲獎。

生理與醫學獎

排名	國家	次數
1	美國	57
2	英國	25
3	德國	16
4	法國	8
5	瑞典	7
6	瑞士	6
7	奧地利	5
7	丹麥	5

文學獎得主：

◈ 2014 年由法國小說大師莫迪亞諾（Patrick Modiano）得獎，
理由是「藉由記憶的藝術，喚起最難理解的人類命運，並且
揭示了二戰納粹占領法國時期的的生活世界。」

1945 年出生於巴黎的莫迪亞諾，父親是義大利猶太人後裔，
母親為比利時演員，二戰期間，兩人在被占領的巴黎相遇。

莫迪亞諾受到童年背景影響，其創作靈感多來自戰爭時期的
巴黎，因此他的小說反覆出現猶太、納粹等議題。

莫迪亞諾成為 1901 年以來第 111 位文學獎得主，也是歷來
第 11 位法國籍的獲獎作家。

◈ 2013 年由加拿大女作家孟洛（Alice Munro）獲得，瑞典學院
讚譽她是「當代短篇故事大師」。

孟洛擅長以小鎮為背景、探討複雜人性，是首位拿下諾貝爾
文學獎的加拿大人，也是歷年來第十三位獲得此一殊榮的女
作家。

文學獎		
排名	國家	次數
1	法國	11
2	美國	8
2	德國	8
4	英國	7
4	瑞典	7
6	義大利	6
7	西班牙	5

和平獎得主：

◆ 2014 年共有 278 個個人或組織角逐和平獎，為歷年來最高。諾貝爾和平獎向來是競爭最激烈的獎項，評審團在 10 月 10 日將獎項頒給了 60 歲的印度兒童人權運動家沙提雅提（Kailash Satyarthi）及爭取女孩受教權的 17 歲巴基斯坦少女馬拉拉‧尤沙夫賽（Malala Yousafzay），馬拉拉成為諾貝爾獎最年輕的得獎者。

挪威諾貝爾委員會指出，沙提雅提和馬拉拉‧尤沙夫賽所以獲獎，是因為他們分別為對抗兒童和少年所受壓迫以及爭取所有兒童受教育權而奮鬥。

1. 2009 年在 BBC 的印度網站勇於揭發激進份子塔利班組織在占領下的巴基斯坦斯瓦特地區實施伊斯蘭教嚴厲的教法，禁止女孩接受教育，並且關閉了當地的女子學校，使女孩被剝奪受教權的狀況。

2012 年某天，馬拉拉在搭公車放學的途中，塔利班份子攔車並在車內開槍直擊她的頭部，導致她顱底骨折、腦部受損，她的性命一度垂危。塔利班組織稱，襲擊是因為馬拉拉不接受警告、堅持上學。馬拉拉在歷經 4 次手術，昏迷 6 天與死神搏鬥幸運地活了過來後表示：「不會因恐怖份子威脅就噤聲。」為確保生命安全，她出院之後不再返回巴基斯坦，她的父母帶著她和她的兩個兄弟留在英國並繼續接受教育。

馬拉拉的勇敢與力量，喚起世人對全球近 60 萬失學孩童問題的重視，同年她以「巴基斯坦最勇敢的女孩」登上美國 Time 時代雜誌封面，聯合國也將她的生日 11 月 10 日訂為「馬拉拉日」，巴基斯坦一所女學院更名為「馬拉拉大學」，全力支持這位冒生命危險「捍衛女孩受教權」的少女。

17 歲的馬拉拉繼澳洲出生的英國科學家勞倫斯‧布瑞格

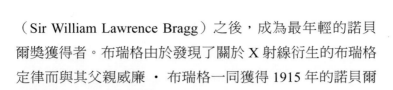
（Sir William Lawrence Bragg）之後，成為最年輕的諾貝爾獎獲得者。布瑞格由於發現了關於 X 射線衍生的布瑞格定律而與其父親威廉・布瑞格一同獲得 1915 年的諾貝爾物理獎，當時他才 25 歲。

2. 沙提雅提成立拯救兒童運動慈善組織，為被剝削的兒童爭取權益，並延續甘地非暴力精神進行抗爭，至今已救出超過 8 萬名孩童。

逾三十年的努力中，曾不顧死亡威脅，協助數萬名遭商人、地主和其他人奴役的印度兒童重獲自由；但沙提雅提作風低調，就連在印度，很多人都沒聽過他的名字。沙提雅提說：「和平是種人權，每個兒童與生俱來擁有在安全、和平、非暴力環境下成長的權利。」他的付出讓每個孩子都應該享有食物、遊戲、受教和被愛的權利。

◆ 2013 年由「禁止化學武器組織」（Organization for the Prohibition of Chemical Weapons：OPCW）獲得，表揚該組織多年來為了設法消除自一次世界大戰到敘利亞內戰中造成無數死傷的化學武器的貢獻。「禁止化學武器組織」成立於 1997 年，目的為執行國際禁止化學武器公約（CWC），總部位於荷蘭海牙，旗下約有五百位工作人員。

2013 年，諾貝爾委員會對 12 月 5 日辭世的反種族隔離鬥士、南非前總統曼德拉（Nelson Mandela），獻上最高敬意，稱呼曼德拉是「諾貝爾和平獎長久史上，最偉大的人物之一」。

和平獎		
排名	國家	次數
1	美國	19
2	英國	11
3	法國	9
4	瑞典	5
5	德國	4
5	比利時	4

經濟學獎得主：

◈ 2014 年由法國土魯斯經濟學院教授提羅勒（Jean Tirole）獲獎，原因是市場力量和監管的分析，利用這些新的見解，政府可以更好地鼓勵有實力的公司更有生產力，同時可以避免他們損害競爭或消費者。

提羅勒被法國譽為當今最具影響力的經濟家之一，終結「諾貝爾經濟學獎」美國 15 連霸。提羅勒是本屆諾貝爾經濟學獎的唯一獲得者，因此他將獨享 800 萬克朗的獎金（約 3,372 萬元臺幣）。

◈ 2013 年美國經濟學家韓森（Lars Peter Hansen）、法瑪（Eugene Fama）與席勒（Robert Shiller）三位學者，因為對金融危機期間資產價值觀察分析方面的獨特成就而獲得諾貝爾經濟學獎。

經濟學獎（瑞典中央銀行紀念諾貝爾經濟學獎）

排名	國家	次數
1	美國	39
2	英國	10
3	法國	2
3	挪威	2
3	瑞典	2
6	丹麥	1
6	德國	1

得獎總數

排名	國家	諾貝爾得主	人口數	每一千萬人誕生幾位得主
1	美國	348	320,050,716	10.8
2	英國	122	63,136,265	19.3
3	德國	105	82,726,626	12.6
4	法國	60	64,291,280	9.3
5	瑞典	29	9,571,105	30.3

　　1901 年至 2014 年之間，總共頒發 567 項諾貝爾獎，其中有些獎項由兩人或是三人共同獲得，產生 338 位諾貝爾個人得主、134 雙人得主、95 個三人以上得主、25 個則由機構獲得獎項。

　　臺灣部分，則是 1986 年由李遠哲獲得諾貝爾化學獎，他是第一位在臺灣受過完整大學教育才出國深造的諾貝爾獎得主，對臺灣人的意義格外重大。

　　諾貝爾獎已經走過了一個世紀，成為全球最受矚目的學術大獎，許多人或許不知道，在諾貝爾獎漫長的歷史上，也有形形色色、鮮為人知的趣聞軼事，例如：您知道哪一個國家擁有最聰明的腦袋？要得獎原來也有「獲獎公式」可以套？

英國國家廣播公司（BBC）曾分析110多年來得主名單，歸納出一份「獲獎公式」。

女性得獎比率不到5%

　　根據 BBC 表示，諾貝爾獎得主共有八大特徵，其一，女性占比例不到5%，至今只有47位，而以和平獎的16位最多（例如：馬拉拉、印度德蕾莎修女、緬甸翁山蘇姬）、物理學獎2位最少。女性比率堪稱萬綠叢中一點紅，但是，居禮夫人分別於1903年與1911年拿下物理學與化學獎，創下歷史上第一次一人分拿兩個領域獎項的紀錄，至今仍無人能破。

西方面孔，美國最聰明、法國最浪漫

　　還有，從上面表格整理，即可輕鬆看出，西方國家是諾貝爾獎常客，其中又以美國籍最多，總共獲得348個獎，除了文學獎小輸法國暫居第二外，美國橫掃諾貝爾五大獎，都是第一，獨占鰲頭，約占所有獨立得獎人的44%。而排名第二、三、四、五的英國、德國、法國、瑞典總數加起來為316個獎，仍不及美國，所以，美國等於擁有世界上最聰明的腦袋，堪稱世界超級強國。

　　而世界上最浪漫的國度則是法國，法國在文學獎一枝獨秀，凸顯其最浪漫、最感性特色，拿下文學獎第一寶座，果然實至名歸。

英美教育最頂尖

　　而美國及英國擁有最頂尖的大學：所有得主中，只有來自於美國的哈佛大學、哥倫比亞大學和英國劍橋大學皆獲得六大項諾貝爾獎。

春夏寶寶最優秀、59歲一舉成名天下知

　　另外諾貝爾官網也整理出，平均得獎年齡是59歲，而最極端的例子，像是2014年獲獎的馬拉拉，芳齡17歲，另外，像是勞

倫斯・布瑞格（Lawrence Bragg）以25歲的「低齡」，與父親共同獲得物理學獎；最年長的紀錄則是90歲才喜獲榮譽的經濟學獎得主里奧尼德・赫維克茲（Leonid Hurwicz）。此外，這些貢獻人類卓著的菁英們，大部分出生在春、夏兩季，二月二十八日、五月二十一日與六月二十八日是常見的「良辰吉日」。

已婚、沒近視、多打理儀容

最後三項特徵，則是富趣味與個人特色的整理。例如，得主的婚姻狀況則是出現強烈對比：44％文學獎得主得獎時仍為單身，但物理學獎得主94％都是已婚。雖然，他們都常在埋首於專業領域，但是戴眼鏡的比率卻相對低，唯有經濟學獎得主偏高；最後，儘管他們可能大部分的時間都是待在實驗室裡，卻也注重打理外表，因為七成得主經常刮鬍子。

59歲　生於春夏　男性　美國人

哈佛畢業　已婚　不戴眼鏡　注重儀容

◪ 諾貝爾獎得獎公式

鈔票達人的數字密碼

　　「暢遊天下名山大川，廣交天下英雄豪傑；博覽天下奇聞雋語，翰書天下悲歡離合」是我一生職志。迄今遊歷早已超過百國，福至心靈蒐集了各國鈔票，我很多朋友知道我有此偏好，出國之際，也幫我增購，日積月累，愈見豐碩，加上藏書數千冊，勤以閱讀，趁著個人尚有餘力，想把鈔票與知識結合，在人世間留下痕跡，「莫讓餘年空留去，當使晚霞照人間」，吾願足矣！

　　在蒐集及研究各國鈔票中，除了正、背面的圖像，代表該國的名片，展示最重要的人、事、時、地、物外，上頭還有流水序號及面額兩個重要數字。

　　首先談流水序號，如果有 000001（圖 164）及 999999（圖165）就表示「有始」、「有終」，如果二者前面英文序號是「AA」（圖 166）及「ZZ」（圖 167），那就更完美了！

ᘓ 圖 164　流水序號為 000001 的中華民國 100 元

ᘓ 圖 165 流水序號為 999999 的中華民國 100 元

ᘓ 圖 166 英文序號是「AA」的蒙古 10 元

ᘓ 圖 167 英文序號是「ZZ」的香港 100 元

另外，號碼有升降，加上下樓梯的「1、2、3、4、5、6」（圖168）及「6、5、4、3、2、1」（圖169）也是少見，六位數都相同以「888888」（發發發⋯⋯，圖170）「666666」（六六大順，圖171）最受歡迎，與吉利結合，其餘同號較次之（圖172、173），這些趣味號碼會為鈔票增值，以新臺幣100元、1,000元為例。

◯§ 圖168　流水序號為123456的印尼20,000元

◯§ 圖169　流水序號為654321的中華民國1,000元

ᑤ 圖 170　流水序號為 888888 的印尼 50,000 元

ᑤ 圖 171　流水序號為 666666 的印度 100 元

ᑤ 圖 172　流水序號為 555555 的菲律賓 50 元

☞ 圖 173　流水序號為 444444 的中華民國 100 元

臺幣新鈔面額與特殊號收購行情表

流水號	100 元面額	1,000 元面額
888888	4,000 元	6,000 元
666666	1,500 元	2,500 元
333333	1,500 元	2,200 元
777777	1,500 元	2,100 元
000001、123456 654321、111111 222222、444444 555555、999999	1,200 元	1,500 元
整套購買價	30,000 元	60,000 元

註：收購價格須視品相好壞及貨源量，200 及 2,000 元面額少，價格更高。
資料來源：集郵社、收藏迷

下列流水序號 100000（圖 174）、200000（圖 175）……900000（圖 182），行情雖不如上述，但也比原價高出許多，頗受鈔迷珍藏。

這些珍奇鈔票，銀行員利用職務便利，偷天換日留下，而高價轉售郵幣社，也有些國家把特殊號拿出來公開標售，所得收益捐給公益團體。還有一種幣值不同，而序號一模一樣也有人收藏。

ꔷ 圖 174　流水序號為 100000

ꔷ 圖 175　流水序號為 200000

ꔷ 圖 176　流水序號為 300000

cs 圖 177　流水序號為 400000

cs 圖 178　流水序號為 500000

cs 圖 179　流水序號為 600000

❸ 圖180 流水序號為 700000

❸ 圖181 流水序號為 800000

❸ 圖182 流水序號為 900000

鈔票上亦有重要人物或事件的年代，大部分以西元列出，以最常用的美金 1 元（圖 183）為例。

　　在美金 1 元的背面左側有個金字塔，底部有 MDCCLXXVI 一串的「羅馬數字」把它加總就是 1776，這一年美國簽署獨立宣言，真有意義吧！

◆ 圖 183　美金 1 元 中的羅馬數字

美金 1 元中的羅馬數字和阿拉伯數字對照									
羅馬數字	M	D	C	C	L	X	X	V	I
阿拉伯數字	1000	500	100	100	50	10	10	5	1

（=1776）

羅馬數字的 L 代表 50，C 為 100，D 為 500，M 為 1,000，加上 I 為 1，V 為 5，X 為 10，以加法原理及減法原理，這些字母即可表達 4,000 以下的數字，那麼 4,000 以上該如何表示呢？古羅馬人沒有 5,000 的字母表，因此用 MMMMM 來表示，而 4,000 就是 MMMM 表示了，有多少個千就用多少個 M 表示，大概是古羅馬時代很少用到 5,000 以上的大數目吧！

羅馬人的記數法和算術的計算無關，而阿拉伯的記與算則是合而為一的。西方人一開始沒有馬上接受阿拉伯數字，不過到底記與算合一是非常方便的，所以阿拉伯數字終於征服了西方人，並普及全世界。

不過羅馬數字還是掙扎著留在建築的牆面上、大鐘的鐘面上及重要年代記載，因為人有懷舊的心理，就像家裡掛著甲骨文的字帖那樣。（參閱《從旅遊學數學》曹亮吉著 pp.23~25）

再來，我們分別解說鈔票之面額，有三大系統：

一、亞洲系統 1-5 型

以亞洲東端的韓國為例是 1,000 元（圖 184）、5,000 元（圖 185）、10,000 元（圖 186），韓國發行新鈔最高額是 50,000，亞洲西端以沙烏地阿拉伯為例是 1（圖 187）、5（圖 188）、10（圖 189）、50（圖 190）、100（圖 191）稱 1-5 型，在日本、泰國、北韓、中國都可以看到，臺灣雖有 200、2,000 元，但基本上市面不通行，我們也歸入 1-5 型。

◁ 圖184　南韓 1,000 元（儒學泰斗李滉）

◁ 圖185　南韓 5,000 元（哲學家李珥）

◁ 圖186　南韓 10,000 元（李朝第四代君王、韓文創造者「世宗大王」）

Ꭳ 圖 187　沙烏地阿拉伯 1 元（貨幣局大樓）

Ꭳ 圖 188　沙烏地阿拉伯 5 元（煉油廠）

Ꭳ 圖 189　沙烏地阿拉伯 10 元（椰子樹林）

○ᔆ 圖 190 沙烏地阿拉伯 50 元（阿克薩清真寺 -Al Agsa Mosque）

○ᔆ 圖 191 沙烏地阿拉伯 100 元（先知清真寺 Prophet's Mosque）

二、英美系統 1-2-5 型

英國是 5、10、20、50，美國是 1、2、5、10、20、50、100，紐西蘭、澳洲是 5、10、20、50、100，南非是 10、20、50、100、200，其他美國影響之美洲國家及英國國協大多是 20、200，市面都在使用，我們稱 1-2-5 型。

ca 圖 192　委內瑞拉 20 元（總統派斯 José Antonio Páez, 1790~1873）

ca 圖 193　斯里蘭卡 20 元（加樓羅鳥 Garula 面具）

ca 圖 194　辛巴威 20 元（平衡石）

三、荷蘭系統 1-2.5-5 型

荷蘭是 10、25、50（圖 195）、100、250、1,000，蘇利南是 5、10、25（圖 196）、100、500，阿魯巴是 5、10、25、50、100、500 及前殖民地（如印尼，圖 197），25 元在市場上皆流通，我們稱 1-2.5-5 型。

◛ 圖 195　荷蘭 25 元（幾何抽象設計）

◛ 圖 196　蘇利南 25 元（1980.02.24 起義紀念碑）

CB 圖 197　印尼 25 元（荷花）

　　上述三大系統外，我們也來看看其他特殊面額：

一、前共產國家體系

　　常有 3 元鈔票，如蘇俄（圖 198）、白俄羅斯（圖 199）、烏克蘭、古巴（圖 200）、中國大陸（圖 201）。

CB 圖 198　前蘇聯體系 3 元（紅場）

ⓒⓈ 圖 199　前白俄羅斯 3 元（索菲亞教堂）

ⓒⓈ 圖 200　古巴 3 元（革命家切‧格瓦拉 Che Guevara）

ⓒⓈ 圖 201　中國 3 元（中共發源地——井崗山）

二、尚未退居臺灣的中華民國

民國 34 年（1945），曾發行 400 元（圖 202，極少見，何況華人四與死同音）及民國 38 年（1949）大通膨，希望六六大順的六百萬（圖 203）、六億（圖 204）或六十億（圖 205）。

由於當時受日軍封鎖，印鈔原料缺乏，現存紙質亦粗糙，在艱苦環境，印製出尚稱完美的紙鈔。

❥ 圖 202　民國 34 年的中華民國 400 元

❥ 圖 203　民國 38 年的中華民國 6 百萬元

 (3 圖 204　民國 38 年的中華民國 6 億元

(3 圖 205　中華民國陸拾億鈔票

　　曾隨旅行團到印度阿格拉，準備參觀世界奇景泰姬瑪哈陵，在希爾斯飯店裡，導遊讓團員自己挑選房間鑰匙，有一家子開心搶到了 666 號房間的鑰匙，一心想著這是吉利的數字，但是到了六樓卻只看到了 661~665，而 665 隔壁是 665A，詢問了櫃檯便知道 665A 就是 666；為什麼會這樣呢？其實，在聖經〈啟示錄〉13:18 節 666 代表「野獸數」，在基督教的世界裡，666 成了邪惡的數字。

　　因為 7 是 Lucky7，吃角子遊戲出現 777 會吐出一大堆錢幣，666 就差那麼一點，同閩南話「土土土」，倒楣極了！在我們擲骰子，如果是 666，會大叫「十八啦」中西文化真的不同啊！

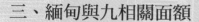
三、緬甸與九相關面額

　　緬甸當年的軍政府由尼溫將軍主政，他有華人血統，期待執政能長長久久，久者九也，故發行一系列與九相關面額，如90元（圖206）、45元（圖207，90÷2）、75元（圖208）、15元（圖209，75＋15＝90），買賣找錢時有點麻煩。

◌ 圖 206　緬甸 90 元（農民起義領袖薩雅山 Saya San, 1876~1931）

◌ 圖 207　緬甸 45 元（油田工人罷工領袖 Po Hla Gyi）

◌෪圖208　緬甸75元（帶領緬甸獨立的領袖翁山 Aung San, 1915~1947，其女兒是緬甸民主運動領導人翁山蘇姬）

◌෪圖209　緬甸15元（較年輕時期的翁山 Aung San）

四、德國的緊急貨幣

德國在第一次世界大戰戰敗，割地賠款，金融崩潰，地方不得已發行「緊急貨幣」以度難關，其中居然有40（圖210）、80（圖211）、99元（圖212，一百元有找）。

◌ 圖 210 德國緊急貨幣 40 元

◌ 圖 211 德國緊急貨幣 80 元

◆ 圖 212　德國緊急貨幣 99 元

五、渣打香港分行成立一百五十周年及「二百五」的巧合

　　香港三大發鈔銀行之一的「渣打銀行」，2009 年為慶祝在香港成立一百五十周年，發行一百五十元的港幣（圖 213），這也是世界唯一面額 150 元的紙鈔，因面額罕有，掀起一股收藏風。又面額 250 元的鈔票（圖 214、215、216）也有一些，只是被稱為「二百五」，這是罵人學藝不精的半調子或罵人笨蛋，純屬巧合吧！

◆ 圖 213　香港 150 元

 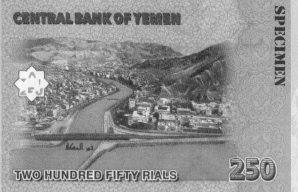

☕ 圖 214　葉門 250 元之背面（葉門穆卡拉 Mukalla Khor 港口的俯瞰）

☕ 圖 215　亞賽拜然 250 元之背面（有名的處女塔）

☕ 圖 216　伊拉克 250 元之背面（首都巴格達 Altahreer 廣場的自由紀念碑）

六、很多 0 的鈔票

　　近年來由於惡性通貨膨脹，因此發行了很多 0 的鈔票，具代表性的有南斯拉夫之 5,000 億鈔票（鈔面為人民圖書館，圖217），而下圖為筆者訪南斯拉夫時，與圖書館中的巨型南斯拉夫國旗之合照，由於該國已分為塞爾維亞、克羅埃西亞、斯洛凡尼亞、波士尼亞、赫塞哥維納、蒙特尼哥羅、科索沃 7 個國家，因此南斯拉夫 5,000 億鈔票已不發行，改為各國發行自己的鈔票。

◌ 圖 217　南斯拉夫 5,000 億元

◌　筆者訪南斯拉夫時，與圖書館中的巨型南斯拉夫國旗之合照

在非洲的辛巴威擁有全世界最多 0 的鈔票，那就是 100 兆（圖 218），總共 14 個 0，是人類歷史上面額最大的貨幣，另類的世界紀錄，卻只值約臺幣 30 元，連買雞排的錢都不夠，可見辛巴威的通貨膨脹猶如天文數字，令人咋舌，導致人民不相信自己國家貨幣，使得辛巴威政府放棄本國貨幣，改用鄰國的南非幣（South African Rand）。筆者造訪辛巴威時所留影的平衡石，正是紙鈔上的那三顆喔！

❀ 圖 218　辛巴威 100 兆元

❀　筆者與辛巴威平衡石留影

100 兆這麼天大的數字，如果把它的單位換成臺幣，可以做些什麼事呢？(1) 100 兆（100 年每秒 3 萬元的花費）；(2) 國家一年總預算 1 兆 5 千億 =66 年總預算；(3) 王品頂級套餐 1,320 元 =7,575 億頓 =6,918 萬年（三餐吃）；(4) 慾望城市中名鞋 Manolo 一雙 2 萬元 =50 億雙；(5) 臺北每坪 100 萬黃金地段 = 整區買下；(6) 50 個比爾蓋茲（510 億美元），博君一笑！

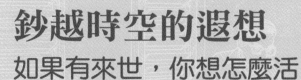

鈔越時空的遐想
如果有來世，你想怎麼活

❃ 圖 219　捷克鈔票背面

　　這是一張捷克 200 元克朗鈔票的背面（圖 219），係從捷克教育家阿姆斯‧柯門斯基（Jan Amos Komensky, 1592~1670）的著作《教育目的論》的封面，圖案上的兩隻手源自聖經上帝創造亞當的故事，而後子孫綿延，現地球上的人類早已超過 70 億。

cs 圖 220　不丹鈔票背面

　　另一張是快樂之國—不丹一元鈔的背面（圖220），是有名的啦嘛廟—西姆托卡宗（Simtokha Dzong），裡面有許多著名的「唐卡」，其中描繪著人的生死輪迴。

　　如果有來世，你（妳）今生又仗義行善，特別讓你（妳）任選三個之一最喜歡的國度投胎。如果是我，當然會尋求數據指標：（一）要活得健康，（二）活得長壽，（三）要活得有品味，（四）要生活富裕，（五）基本上這個國度要和平，（六）國家要有競爭力，如不需那麼多項，可自行刪除；如覺得那項重視亦可用加權，做做白日夢吧！來生見！

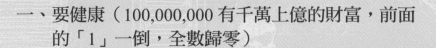

一、要健康（100,000,000 有千萬上億的財富，前面
　　的「1」一倒，全數歸零）

健康（政府投入全民健康 GDP 百分比）

排名	國家	比例	排名	國家	比例
1.	賴比瑞亞	19.5	13.	希臘	10.8
2.	獅子山	18.8	14.	盧安達	10.8
3.	美國	17.9	15.	奧地利	10.6
4.	賴索托	12.8	16.	比利時	10.6
5.	荷蘭	12.0	17.	葡萄牙	10.4
6.	法國	11.6	18.	塞爾維亞	10.4
7.	摩爾多瓦	11.4	19.	波士尼亞	10.2
8.	加拿大	11.2	20.	古巴	10.0
9.	丹麥	11.2	21.	紐西蘭	10.0
10.	德國	11.1	22.	尼加拉瓜	10.0
11.	哥斯大黎加	10.9	23.	喬治亞	9.9
12.	瑞士	10.9	24.	巴拉圭	9.7

數字看天下

250

二、要長壽（秦始皇、漢武帝的心願）

平均壽命最長的國家

排名	國家	年齡	排名	國家	年齡
1.	摩納哥	89.7	25.	南韓	80.7
2.	日本	83.7	26.	德國	80.6
3.	香港	83.2	27.	馬提尼克	80.6
4.	聖馬利諾	83.1	28.	英國	80.4
5.	安道爾	82.5	29.	海峽群島	80.2
6.	瑞士	82.5	30.	芬蘭	80.2
7.	澳洲	82.1	31.	盧森堡	80.2
8.	冰島	82.0	32.	希臘	80.1
9.	以色列	82.0	33.	比利時	80.0
10.	義大利	82.0	34.	法羅群島	80.0
11.	西班牙	81.8	35.	馬爾他	80.0
12.	法國	81.7	36.	塞普勒斯	79.9
13.	瑞典	81.7	37.	瓜德羅普	79.9
14.	列支敦斯登	81.5	38.	葡萄牙	79.8
15.	澳門	81.3	39.	維爾京群島	79.6
16.	挪威	81.3	40.	哥斯大黎加	79.5
17.	新加坡	81.3	41.	斯洛維尼亞	79.5
18.	加拿大	81.2	42.	智利	79.3
19.	奧地利	81,0	43.	古巴	79.3
20.	荷蘭	80.9	44.	波多黎各	79.3
21.	百慕達	80.8	45.	丹麥	79.0
22.	開曼群島	80.8	46.	美國	78.8
23.	愛爾蘭	80.8	47.	卡達	78.5
24.	紐西蘭	80.8	48.	臺灣	78.5

三、生活要有品味（不能當經濟巨人，文化侏儒）

生活品味指標，100 為滿分

排名	國家	比例	排名	國家	比例
1.	挪威	95.5	31.	賽普勒斯	84.8
2.	澳洲	93.8	32.	馬爾他	84.7
3.	美國	93.7	33.	安道爾	84.6
4.	荷蘭	92.1	34	愛沙尼亞	84.6
5.	德國	92.0	35	斯洛伐克	84.0
6.	紐西蘭	91.9	36	卡達	83.4
7.	愛爾蘭	91.6	37	匈牙利	83.1
8.	瑞典	91.6	38	巴貝多	82.5
9.	瑞士	91.3	39	波蘭	82.1
10.	日本	91.2	40	智利	81.9
11.	加拿大	91.1	41	立陶宛	81.8
12.	南韓	90.9	42	阿拉伯聯合大公國	81.8
13.	香港	90.6	43	葡萄牙	81.6
14.	冰島	90.6	44	拉脫維亞	81.4
15.	丹麥	90.1	45	阿根廷	81.1
16.	以色列	90.0	46	塞席爾	80.6
17.	比利時	89.7	47	克羅埃西亞	80.5
18.	奧地利	89.5	48	巴林	79.6
19.	新加坡	89.5	49	巴哈馬	79.4
20.	法國	89.3	50	白俄羅斯	79.3
21.	芬蘭	89.2	51	烏拉圭	79.2
22.	斯洛維尼亞	89.2	52	蒙特內哥羅	79.1
23.	西班牙	88.5	53	科威特	79.0
24.	列支敦士登	88.3	54	俄羅斯	78.8
25.	義大利	88.1	55	羅馬尼亞	78.6

四、收入要充裕（金錢不是萬能，沒有錢萬萬不能）

每人國民所得（GDP/人）美元計

排名	國家	所得	排名	國家	比例
1.	摩納哥	171,465	21.	愛爾蘭	47,478
2.	列支敦士登	134,915	22.	比利時	46,608
3.	盧森堡	114,232	23.	新加坡	46,241
4.	挪威	98,081	24.	日本	45,903
5.	卡達	92,501	25.	阿拉伯聯合大公國	45,653
6.	百慕達	89,739	26.	法羅群島	45,206
7.	瑞士	83,326	27.	德國	44,021
8.	澳門	65,550	28.	冰島	43,967
9.	聖馬力諾	64,480	29.	法國	42,379
10.	科威特	62,664	30.	安道爾	47,517
11.	澳洲	61,789	31.	汶萊	40,301
12.	丹麥	59,889	32.	英屬維京群島	39,015
13.	開曼群島	57,610	33.	英國	38,974
14.	瑞典	57,114	34.	新喀里多尼亞	38,690
15.	海峽群島	51,958	35.	紐西蘭	36,254
16.	加拿大	50,344	36.	義大利	36,130
17.	荷蘭	50,085	37.	香港	35,156
18.	奧地利	49,581	38.	西班牙	31,985
19.	芬蘭	48,812	39.	以色列	31,281
20.	美國	48,112	40.	賽普勒斯	30,670

五、國家要和平（寧為太平狗，不為亂世民）

全球和平指數（1為最理想狀況）

排名	國家	指數	排名	國家	指數
1.	冰島	1.162	13.	斯洛維尼亞	1.374
2.	丹麥	1.207	14.	捷克	1.404
3.	紐西蘭	1.237	15.	德國	1.431
4.	奧地利	1.250	16.	澳洲	1.438
5.	瑞士	1.272	17.	新加坡	1.438
6.	日本	1.293	18.	葡萄牙	1.467
7.	芬蘭	1.297	19.	卡達	1.480
8.	加拿大	1.306	20.	不丹	1.487
9.	瑞典	1.319	21.	模里西斯	1.497
10.	比利時	1.339	22.	荷蘭	1.508
11.	挪威	1.359	23.	匈牙利	1.520
12.	愛爾蘭	1.370	24.	烏拉圭	1.528

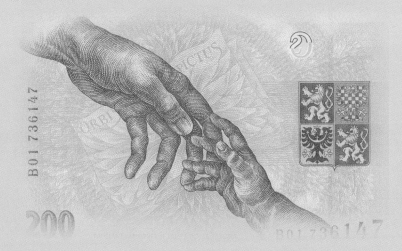

六、國家要有競爭力（優勝劣敗，適者生存）

全球競爭力排名

排名	國家	排名	國家
1.	美國	21.	中國
2.	瑞士	22.	南韓
3.	香港	23.	奧地利
4.	瑞典	24.	日本
5.	新加坡	25.	紐西蘭
6.	挪威	26.	比利時
7.	加拿大	27.	泰國
8.	阿拉伯聯合大公國	28.	法國
9.	德國	29.	冰島
10.	卡達	30.	智利
11.	臺灣	31.	立陶宛
12.	丹麥	32.	墨西哥
13.	盧森堡	33.	波蘭
14.	荷蘭	34.	哈薩克
15.	馬來西亞	35.	捷克
16.	澳洲	36.	愛沙尼亞
17.	愛爾蘭	37.	土耳其
18.	英國	38.	菲律賓
19.	以色列	39.	印尼
20.	芬蘭	40.	印度

〈如果有來世〉，只是表示可把若干篇不同性質之數據混搭，運用類比、聯想、創意，求取有趣、有用、有效的看法，讀者不妨一試。

卷末告白
讀萬卷書行萬里路 與你一起鈔越新視界

　　嚴長壽先生之大作《教育應該不一樣》（天下出版社）之
109 頁寫著：「我們的學校及社會教育，非常缺乏『世界公民』
的觀念，也就是對整個世界現勢概不關心。從遠的政治面說起，
1971 年中美斷交及臺灣失去聯合國席次後，長年的孤立與被排
斥，使得多數臺灣人民對國際形成嚴重的疏離。」「在國際政治
處處碰壁，走不出去時，更要積極運用不同管道接觸世界、了解
世界，與世界同步，我們整個教育系統對於世界觀的養成付之闕
如。」「國際觀這種心態，不僅有能力接觸國際資訊，還要能與
世界連貫，才不會只用狹窄心態看問題。」

　　筆者在企業 26 年，歷任外銷部經理，任內產品行銷世界
諸國，續擔任廠長，與先進國家技術合作、資本合作，升任副總
經理及總經理，前往南非、印尼、中國大陸、越南設廠及美國設
立發貨倉庫。先後面臨很多挑戰，也學到不少教訓，退休後赴大
學執教，十多年來一直任教國際企業管理系，學以致用，產學相
長，寒暑假選定不同國家參訪，迄今已破百國久矣！並擔當四家
上市公司之獨立董事。自問年近七旬，千帆過盡，絢爛歸於平淡，
應把「國際觀」、「世界公民」理念傳承，以自己多年蒐集各國
之鈔票挑選，有形、有樣、有色，深具代表性，做為引言，加入
《經濟學人》（*The Economist*）所編著最新版的 "*Pocket World in
Figures 2015 Edition*" 之相關數據相結合，建構全球化思維，與我
合作的柯子超君是我在國際企業管理研究所學生，也是我指導論
文的學生，他曾在貿易實務上工作多年，足跡數國，特別稱道的

是他的英語甚佳、能力頗強，現擔任大葉大學校長室之英文秘書，有機會師生合作共同提出「鈔越新視界」，願對「觀世界，世界觀」略盡棉薄，期待本書能頻頻再版，將不斷更新數據，並加入更多話題。

❦　《經濟學人》（*The Economist*）所編著最新版的 "*Pocket World in Figures 2015 Edition*" 之封面

世界各國名稱列表（依照英文字母排序）

國名（英文）	臺灣使用名稱	中國大陸使用名稱	國名（英文）	臺灣使用名稱	中國大陸使用名稱
Albania	阿爾巴尼亞	阿尔巴尼亚	Bermuda	百慕達	百慕大
Algeria	阿爾及利亞	阿尔及利亚	Bhutan	不丹	不丹
Angola	安哥拉	安哥拉	Bolivia	玻利維亞	玻利维亚
Anguilla	安圭拉	安圭拉	Bosnia and Herzegovina	波希尼亞及赫塞哥維那	波希尼亚及赫塞哥维那
Argentina	阿根廷	阿根廷	Botswana	波札那	博茨瓦纳
Armenia	亞美尼亞	亚美尼亚	Brazil	巴西	巴西
Aruba	阿魯巴	阿路巴	Brunei Darussalam	汶萊	文莱
Australia	澳洲	澳大利亚	Bulgaria	保加利亞	保加利亚
Austria	奧地利	奥地利	Burkina Faso	布吉納法索	布基纳法索
Azerbaijan	亞塞拜然	阿塞拜疆	Burundi	蒲隆地	蒲隆地
Bahamas	巴哈馬	巴哈马	Cambodia	柬埔寨	柬埔寨
Bahrain	巴林	巴林	Cameroon	喀麥隆	喀麦隆
Bangladesh	孟加拉	孟加拉国	Canada	加拿大	加拿大
Barbados	巴貝多	巴巴多斯	Cape Verde	維德角島	佛得角岛
Belarus	白俄羅斯	白俄罗斯	Cayman Islands	開曼群島	开曼群岛
Belgium	比利時	比利时	Central African Rep.	中非	中非共和国
Belize	貝里斯	伯利兹	Chad	查德	乍得
Benin	貝南	贝宁	Chile	智利	智利

國家（英文）	繁體	簡體	國家（英文）	繁體	簡體
China（People's Rep.）	中國大陸	中国大陆	Eritrea	厄利垂亞	厄立特里亚
Colombia	哥倫比亞	哥伦比亚	Estonia	愛沙尼亞	爱沙尼亚
Congo（Rep.）	剛果	刚果	Ethiopia	衣索匹亞	衣索匹亚
Cook Islands	科克群島	库克群岛	Fiji	斐濟	斐济
Costa Rica	哥斯大黎加	哥斯达黎加	Finland	芬蘭	芬兰
Côte d'Ivoire（Rep.）	象牙海岸	科特迪瓦	French Polynesia	法屬玻里尼西亞	法属波利尼西亚
Croatia	克羅埃西亞	克罗地亚	France	法國	法国
Cyprus	塞浦路斯	塞浦路斯	Georgia	喬治亞	乔治亚
Czech（Rep.）	捷克	捷克	Germany	德國	德国
Dem Rep. of Congo	剛果	刚果共和国	Ghana	迦納	加纳
Denmark	丹麥	丹麦	Gibraltar	直布羅陀	直布罗陀
Dominican Rep.	多明尼加	多米尼加	Greece	希臘	希腊
Dominica（Commonwealth of）	多米尼克	多米尼克	Grenada	格瑞那達	格林纳达
Ecuador	厄瓜多爾	厄瓜多尔	Guatemala	瓜地馬拉	危地马拉
Egypt	埃及	埃及	Guinea	幾內亞	几内亚
El Salvador	薩爾瓦多	萨尔瓦多	Honduras	宏都拉斯	洪都拉斯
Guyana	蓋亞那	盖亚那	Hong Kong	香港	香港
Haiti	海地	海地	Hungary	匈牙利	匈牙利

Iceland	冰島	冰岛	Maldives	馬爾地夫	马尔代夫
India	印度	印度	Mali	馬利	马里
Indonesia	印尼	印度尼西亞	Malta	馬爾他	马耳他
Iran	伊朗	依朗	Mauritius	模里西斯	毛里求斯
Iraq	伊拉克	伊拉克	Mauritania	茅利塔尼亞	毛里塔尼亞
Ireland	愛爾蘭	爱尔兰	Mexico	墨西哥	墨西哥
Israel	以色列	以色列	Moldova	摩爾多瓦	摩尔多瓦
Italy	義大利	意大利	Mongolia	蒙古	蒙古
Jamaica	牙買加	牙买加	Morocco	摩洛哥	摩洛哥
Japan	日本	日本	Myanmar	緬甸	缅甸
Jordan	約旦	约旦	Namibia	納米比亞	纳米比亚
Kenya	肯亞	肯尼亚	Nauru	諾魯	瑙鲁
Korea（Rep.）	南韓	韩国	Nepal	尼泊爾	尼泊尔
Kuwait	科威特	科威特	Netherlands	荷蘭	荷兰
Lao People's Dem Rep.	寮國	老挝	New Caledonia	新喀里多尼亞	新喀里多尼亚
Latvia	拉脫維亞	拉脱维亚	New Zealand	紐西蘭	新西兰
Lesotho	賴索托	莱索托	Niger	尼日	尼日
Luxembourg	盧森堡	卢森堡	Nigeria	奈及利亞	尼日利亚
Macao	澳門	澳门	Norway	挪威	挪威
Macedonia	馬其頓	马其顿	Oman	阿曼	阿曼
Madagascar	馬達加斯加	马达加斯加	Pakistan	巴基斯坦	巴基斯坦
Malawi	馬拉威	马拉维	Panama	巴拿馬	巴拿马
Malaysia	馬來西亞	马来西亚	Papua New Guinea	巴布亞紐幾內亞	巴布亚新几内亚

Paraguay	巴拉圭	巴拉圭	Slovakia	斯洛伐克	斯洛伐克
Peru	秘魯	秘魯	Slovenia	斯洛維尼亞	斯洛文尼亚
Philippines	菲律賓	菲律宾	Solomon Islands	索羅門群島	所罗门群岛
Poland	波蘭	波兰	Somalia	索馬利亞	索马里
Portugal	葡萄牙	葡萄牙	South Africa	南非	南非
Qatar	卡達	卡塔尔	Spain	西班牙	西班牙
Romania	羅馬尼亞	罗马尼亚	Sri Lanka	斯里蘭卡	斯里兰卡
Russian Federation	俄羅斯	俄罗斯	Sudan	蘇丹	苏丹
Rwanda	盧安達	卢旺达	Suriname	蘇利南	苏里南
Saint Christopher (St. Kitts) and Nevis	聖克里斯多福及尼維斯	圣克里斯多福及尼维斯	Swaziland	史瓦濟蘭	斯威士兰
Saint Lucia	聖露西亞	圣卢西亚	Sweden	瑞典	瑞典
Saint Vincent and the Grenadines	聖文森及格瑞那丁	圣文森及格瑞那丁	Switzerland	瑞士	瑞士
Sao Tome and Principe	聖多美及普林西比	圣多美及普林西比	Syrian Arab Rep.	敘利亞	叙利亚
Saudi Arabia	沙烏地阿拉伯	沙特阿拉伯	Tanzania	坦尚尼亞	坦桑尼亚
Senegal	塞內加爾	塞内加尔	Thailand	泰國	泰国
Seychelles	塞席爾	塞舌尔	Togo	多哥	多哥
Sierra Leone	獅子山	塞拉利昂	Trinidad and Tobago	千里達及托貝哥	特立尼达及托巴哥
Singapore	新加坡	新加坡	Tunisia	突尼西亞	突尼西亚

Turkey	土耳其	土耳其	Venezuela	委內瑞拉	委内瑞拉
Uganda	烏干達	乌干达	Viet Nam	越南	越南
Ukraine	烏克蘭	乌克兰	Western Samoa	西薩摩亞	西萨摩亚
United Arab Emirates	阿拉伯聯合大公國	阿拉伯联合酋长国	Yemen	葉門	也门
United Kingdom of Great Britain and Northern Ireland	英國	英国	Zambia	尚比亞	赞比亚
United States of America	美國	美国	Zimbabwe	辛巴威	津巴布韦
Uruguay	烏拉圭	乌拉圭			

最實用 圖解

五南圖解財經商管系列

※最有系統的圖解財經工具書。

※一單元一概念，精簡扼要傳授財經必備知識。

※超越傳統書籍，結合實務與精華理論，提升就業競爭力，與時俱進。

※內容完整、架構清晰、圖文並茂、容易理解、快速吸收。

五南文化事業機構
WU-NAN CULTURE ENTERPRISE

地址：106台北市和平東路二段339號4樓
電話：02-27055066 ext 824、889

http://www.wunan.com.tw/
傳真：02-27066 100

國家圖書館出版品預行編目資料

數字看天下／莊銘國, 柯子超編著. －－二
版. －－臺北市：書泉, 2015.12
　面；　公分
ISBN 978-986-451-030-6 (平裝)

1.紙幣

561.5　　　　　　　　　　104020379

3052

數字看天下

作　　者 ─ 莊銘國　柯子超

發 行 人 ─ 楊榮川

總 經 理 ─ 楊士清

主　　編 ─ 侯家嵐

責任編輯 ─ 侯家嵐

文字校對 ─ 12舟　許宸瑞

封面設計 ─ 盧盈良

排版設計 ─ 張明蕙

出 版 者 ─ 書泉出版社

地　　址：106台北市大安區和平東路二段339號4樓

電　　話：(02)2705-5066　　傳　　真：(02)2706-6100

網　　址：http://www.wunan.com.tw

電子郵件：shuchuan@shuchuan.com.tw

劃撥帳號：01303853

戶　　名：書泉出版社

總 經 銷：貿騰發賣股份有限公司

地　　址：23586新北市中和區中正路880號14樓

電　　話：886-2-8227-5988　　傳真：886-2-82275989

網　　址：http://www.namode.com

法律顧問　林勝安律師事務所　林勝安律師

出版日期　2014年11月初版一刷
　　　　　2015年12月二版一刷
　　　　　2018年 4 月二版二刷

定　　價　新臺幣400元